写给中国儿童的名

交响乐之王
贝多芬

张芳 ◎ 主编

东北师范大学出版社
NORTHEAST NORMAL UNIVERSITY PRESS

写给中国儿童的名人传记故事

前言

名人故事是名人一生经历的总结，可以点燃孩子心中的激情与梦想。许多伟大的历史人物，在青少年时期，确定自己的人生目标的时候，都曾经从名人身上寻找榜样，汲取动力。孩子在阅读名人故事的过程中，可以从名人身上吸取成功的经验，学习他们为获得成功养成的良好品质，以及面对困难时的积极、乐观的态度，以及刻苦努力、坚持不懈的精神，从而少走弯路，不断走向成功。

为此，我们特邀众多国内权威教育专家与一线教育工作者一起编写了这套《写给中国儿童的名人励志故事》。这套书精选了爱因斯坦、牛顿、贝多芬、居里夫人、富兰克林、爱迪生、霍金、诺贝尔、乔布斯和比尔·盖茨共十位极具代表性的国外名人，用生动、优美的语言详略得当地讲述了他们奋斗的一生。霍金虽身患重病但依然坚持科学研究、贝多芬不向命运低头、比

尔·盖茨用软件改变世界……孩子在这些名人故事中可以领略到不同行业的风景，获得人生智慧，感受名人魅力。

这套书不是简单地堆砌名人材料，而是选取他们富有代表性或趣味性的故事，以点带面，从而折射出他们波澜壮阔、充满传奇的人生和多姿多彩、各具特点的个性。另外，我们在每个章节后面，都设置了一个"成长加油站"，将名人故事与孩子成长过程结合起来，从而使孩子收获成长的养分；而"延伸思考"版块则根据章节内容，向读者提问一到两个问题，引导孩子深入思考，获得启发。

希望在这些名人的陪伴下，我们的小读者能够不断茁壮、健康地成长，成为一个对国家和社会有益的人！

目 录

第一章　音乐天才的童年 …………………………………… 1

第二章　最年轻的宫廷乐师 ………………………………… 11

第三章　初涉爱河 …………………………………………… 17

第四章　维也纳拜师学艺 …………………………………… 23

第五章　自由随性的学生 …………………………………… 31

第六章　收获名声 …………………………………………… 39

第七章　搬出亲王府 ………………………………………… 42

第八章　朋友对贝多芬的影响 ……………………………… 46

第九章　爱情的狂热追求者 ………………………………… 53

第十章　命运的重击——失聪 ……………………………… 60

第十一章　扼住命运的咽喉 ………………………………… 67

第十二章　《费德里奥》：歌剧创作的尝试 ……………… 73

第十三章　生活与婚姻 ……………………………………… 78

第十四章　摆脱生活困境⋯⋯⋯⋯⋯⋯⋯⋯⋯⋯⋯⋯ 86

第十五章　侄儿卡尔⋯⋯⋯⋯⋯⋯⋯⋯⋯⋯⋯⋯⋯⋯ 93

第十六章　烦闷中找寻出路——奏鸣曲⋯⋯⋯⋯⋯ 101

第十七章《第九交响曲》与《弥撒祭曲》的辉煌⋯⋯⋯ 107

第十八章　音乐大师病逝⋯⋯⋯⋯⋯⋯⋯⋯⋯⋯⋯ 114

第一章　音乐天才的童年

1770年12月16日是一个值得世人铭记的日子，因为在这一天，一位伟大的音乐家诞生了，他的名字叫做路德维希·凡·贝多芬。

贝多芬出生于德国中西部的一座古老而美丽的城市波恩。波恩是世界上非常有名的音乐圣地。在这里，一年四季都能够听到美妙的音乐。很多音乐名流都慕名来到这里，并在这里居住下来，其中最被音乐家青睐的就是从市场向北一直到科隆坡门的一条狭窄的小街道。在这里，居住着约翰·庞姆、宫廷小提琴手弗朗兹·兰兹和约翰·沙罗蒙、宫廷号角手尼古拉斯·辛姆洛克等，还有一位皇家乐队的指挥、伟大的音乐家路德维希·贝多芬，也就是贝多芬的祖父。

早在1733年，老路德维希就已经成为了一个音乐造诣精深的风琴家，一个非常受人们欢迎的歌唱家。他从列日来到波恩，加入了科隆宫廷乐队。此外，他还在教堂和歌剧院中担任男低音主唱。后来，老路德维希爱上了一位19岁的德国

姑娘。很快，他们就结婚了。

老路德维希有三个孩子，但第一个和第二个孩子在出生后不久就去世了，只有第三个孩子活了下来。第三个孩子名叫约翰·贝多芬，也就是贝多芬的父亲。可是，老路德维希不想承认约翰·贝多芬是自己的儿子。原因并不是对他们之间血缘关系的否定，而是因为他对约翰的音乐天赋和才能太失望了。

贝多芬在波恩的家

约翰从很小的时候就跟着父亲老路德维希学习演唱、拉小提琴。可是，即使老路德维希对他用尽了心血，约翰的学习成绩并不令人满意，老路德维希音乐界的朋友没有一位承认过约翰的音乐才华。直到16岁，约翰才拥有进入宫廷演唱的资格。他在合唱队中担任男中音，有时还会在歌剧中饰演配角。但是，约翰似乎天生就没有音乐方面的才能，无论是在合唱队中还是在音乐剧中，他只能勉强完成任务，并没有什么突出的表现。

27岁那年，约翰爱上了一个来自爱伦白拉特斯坦的女子。这个女子名叫马丽亚·麦达利娜·凯宛丽丝，当时21岁。她的父亲是宫廷里的厨师。约翰想和凯宛丽丝结婚，却

遭到了自己父亲的反对。在老路德维希看来，虽然他们两家都是皇帝的仆人，但是自己的身份还是比厨师要高一些的，所以，他坚决反对自己的儿子和厨师的女儿结婚。

但是，约翰仍然娶了凯宛丽丝。老路德维希讨厌儿子的平庸，也不喜欢自己的儿媳妇，于是就把家搬到了旁加若。在这里，他完全按照自己的心意来生活，所以在此期间他的心境还是比较平和的。

其实，贝多芬的母亲凯宛丽丝的命运也挺悲苦的。她17岁的时候，和一个男仆结婚。婚后不久，丈夫就死了。凯宛丽丝的生活过得很艰难，最后不得已才再嫁。贝多芬的父亲约翰是她的第二任丈夫。可是，就在她结婚没多久，她的父母相继去世了，这给她造成了非常大的影响。她是一个依赖性很强的女人，但年纪轻轻就嫁为人妇，承担起一个家庭的责任，这对她而言，来得太早了。在父母去世之后，凯宛丽丝突然明白了，自己的丈夫美其名曰是宫廷歌手，只不过徒有其表。每天从酒店回到家里的时候，总是醉醺醺的，身上的钱也都花光了。凯宛丽丝不得不想方设法来维持家庭的生计，应付财主和杂货店送过来的账单。而这些还不是她操心的全部，她还要承担养儿育女的责任。凯宛丽丝曾先后生育了6个孩子，但只有3个孩子活了下来。贝多芬是她的第二个孩子。

由于家里的情况越来越困难，所以贝多芬一家搬到了费斯恰家居住。家里钱不多，凯宛丽丝只能想办法用微薄的积

蓄来支撑家庭的开支。她要给孩子们必需的衬衫和裤子、足够的土豆和肉酱，保证孩子们能够获得成长所需的营养；她终日都在织补缝纫，以此来赚钱补贴家用；她总是按时交付房租和面包钱，从来不赊欠……所以，虽然家庭贫困，但贝多芬和他的兄弟们都很健康、很活泼。

而贝多芬的父亲约翰依然每天都喝得酩酊大醉，将家里那一点儿积蓄花光。为了给家里增加收入，他也曾多次向宫廷请求给自己加薪，可是始终没有得到回音。慢慢地，约翰的性格变得越来越坏。他没有多大的本领，却总爱夸夸其谈，并且为此感到沾沾自喜；他终日在外游荡，很晚才回家；回到家里后又会乱发脾气。后来，贝多芬的母亲断绝了父亲的经济来源，禁止他在外面狂喝滥饮。而贝多芬和他的兄弟们看到父亲在外喝酒的话，也会走上前去，劝说父亲回家。父亲还算听孩子们的话，只要孩子们一劝阻，他也就不喝了。其实，约翰并不是天生好喝酒，他只是感觉自己怀才不遇，想通过喝酒来忘记烦恼、寻找刺激罢了。

约翰虽然没有什么过人的才能，也不能解决家里的经济问题，但他至少还没有完全忘记作为一个父亲应承担的责任。他把自己小时候从父亲老路德维希那里学到的音乐知识，用来教孩子们学拉小提琴和弹奏钢琴。过了一段时间后，他发现另外两个儿子在音乐方面的领悟能力比较低，似乎不是学音乐的料，但是贝多芬在学习的过程中总是会给他带来惊喜。小贝多芬能够在很短时间内就熟练掌握五线谱，

并且很轻松地处理好每一个音乐细节。

在1774年，也就是在贝多芬差不多4岁的时候，贝多芬的父亲约翰想到了可以使他们家摆脱经济困境的办法。他在当地的报纸上刊登了一则广告，大意是说他约翰的儿子贝多芬准备和他的好朋友一起举办一个合奏音乐会。在这个音乐会上，年仅4岁的贝多芬将会为大家带来前所未有的惊喜和欢乐。他和他的好朋友将会演奏风格迥异的风琴协奏曲和三重奏……他们将会给整个宫廷带来无上的荣耀！

贝多芬的妈妈

很快，这则广告就传遍了整个波恩城，人们都被广告上的内容震惊了。

人们之所以感到震惊，是因为还从来没有一个年仅4岁的孩子可以独自开办音乐会。但是，贝多芬家的邻居们知道贝多芬完全可以。因为贝多芬平时学习和练习演奏的水准，他们全都看在眼里。

贝多芬虽然还只是一个小孩子，但是他的父亲约翰就已经开始强迫他学习钢琴和小提琴了。在他们搬到费斯恰家之后，父亲对贝多芬的要求更加严厉了。有时候，贝多芬弹钢琴的时间太长，以至于手指都麻木了，可是父亲还是不允许他休息，让他继续练习。贝多芬只要稍微走神，或者弹错了

一两个音符，就会遭到父亲的严厉训斥甚至一顿棍打。在父亲的强迫下，贝多芬只好擦干脸上的泪痕，一遍又一遍地练习。

可是，贝多芬毕竟还只是一个小孩子，正处于顽皮的年龄段。在每次演奏的时候，贝多芬都会加入很多自己的东西，指法上也偶尔会出现几个错误。父亲约翰虽然对贝多芬很严厉，而且对于指法的灵活性和准确性要求非常高，但是不管他怎么要求，都无法让贝多芬按照自己的要求去做。对于儿子的行为，约翰已经不知道该如何应对了。最后，他想到了一个办法——把贝多芬送到宫廷乐队中去演奏。宫廷乐队的指挥是路奇雪，他是一位非常出色且经验丰富的音乐家，但是他也非常傲慢狂妄。在他看来，贝多芬还只不过是一个乳臭未干的小孩子，所以也就从来没有把贝多芬当回事。后来，贝多芬的演奏技巧得到了很大的提高，就不再听从路奇雪的指挥，开始按照自己的意愿创作起来。最后，贝多芬就被路奇雪赶出了宫廷乐队。为此，父亲约翰对贝多芬非常失望，未来的美好计划全都破灭了。看到父亲失望，贝多芬心里也觉得不好受。其实，他并不讨厌自己的工作，而且还

童年时期的贝多芬

非常喜欢音乐，但是那个傲慢的音乐指挥却让他感觉非常压抑。

有时候，贝多芬也会恨他的父亲。因为贝多芬非常不喜欢上课，上课对他来说就和受这个世界上最残酷的刑罚一样让人痛苦。可是，他的父亲却不理解他，总是不留情面地说一些讽刺的话来挖苦他。面对父亲的挖苦和嘲讽，贝多芬只能默默忍受。其实，贝多芬并不是真的讨厌学习音乐，只是他需要真正的指导和详细的解释，可他的父亲却做不到，他只会让贝多芬按照自己的要求机械地去做，结果当然也就不会令人满意了。

贝多芬虽然没有从父亲那里学习到什么有用的音乐知识，但却从一些名气不大的音乐人身上学习到了很多，而他后来很多伟大的创作都和这有很大关系。那么贝多芬曾经都向谁学习过呢？又学习了哪些知识呢？

在1778年，也就是贝多芬8岁的时候，他跟随宫廷风琴家艾登学习。艾登是一位老音乐家，经验非常丰富，他带领着贝多芬认识到了乐器的奥妙。1779年，男中音歌唱家法弗跟随格鲁斯曼歌剧团来到波恩。不久之后，贝多芬就和法弗相识了，而且两人还在一起住过一段时间。法弗是一位非常优秀的钢琴家，他向贝多芬传授了正确的钢琴技巧和知识。贝多芬后来回忆这段时光的时候曾说："我们经常在父亲深更半夜从酒馆醉醺醺地回来后，急忙从被窝中爬起来，坐到钢琴前，一直练习弹奏到第二天天亮。"当贝多芬长大一些，他能用手触摸到琴键，并能够用脚踩到风琴踏板的时候，父亲就把他送到了伯尔尼的一座修道院里面，让他接受科学的音乐指导。这座修道院里的风琴比贝多芬以前用过的都要大，而且键盘更多。在这里，贝多芬逐渐对音乐产生了浓厚的兴趣。这时，贝多芬才刚刚10岁。

贝多芬学习非常刻苦努力，所有的课程都按照要求去完成。他不知疲倦地在音乐的海洋中自由徜徉着，很轻松地完成了其中的一些课程。在学习的过程中，贝多芬发现，他不是很喜欢独奏乐器，却对复杂的钢琴、配器和和声非常感兴趣。贝多芬的这种爱好偏差得到了老师的理解和鼓励。在老师的正确引导下，贝多芬逐渐对各门功课都有了深入的了解和认识，之后他就专心做起了音乐创作。

后来，贝多芬在跟随柴萨学习音乐的时候，创作了一首风琴曲，这让柴萨感到非常震惊，因为像他这个年龄的孩子，一般都还没有到达音乐创作的水平。

1781年，歌·尼法跟随着一个旅行歌剧团来到了波恩。他在波恩居住了两年多，在此期间，他也教贝多芬学习音乐。歌·尼法青春焕发，非常有活力，而且有一套严谨、详尽的教学方法。

在给贝多芬上了几节课之后，歌·尼法就发现了贝多芬的一个性格弱点——脾气暴躁且缺乏自制力。于是，尼法就要求贝多芬学习前辈音乐家的作品，如依·巴赫的奏鸣曲，萨·巴赫的序曲和随想曲等。

尼法在给贝多芬上课的时候，使用的教材是巴赫的《关于弹钢琴的真正方法尝试》。巴赫的钢琴曲晦涩难懂，非常具有表现力，如果不反复学习和练习，是很难完全领悟到巴赫钢琴曲的真正内涵的，所以用巴赫钢琴曲来检测一个人的音乐素养再合适不过了。尼法对贝多芬说："只要你熟练掌握了巴赫的钢琴曲，并且准确领悟其中的内涵，那么你再弹奏其他人的钢琴作品就会非常容易了，而你的弹奏水平和音乐见识也会得到很大提高。"

贝多芬用力地点点头，回答道："老师，我一定会努力的。"

从此，贝多芬便沉浸在弹奏巴赫钢琴曲之中，一开始他觉得很困难，总是会按错琴键。但是很快，他就完全掌握了巴赫钢琴曲的曲谱，并且明白了曲子的内涵。慢慢地，他感觉自己越弹越顺手，越弹越流畅。有一天，贝多芬正在家忘我地练习弹奏巴赫钢琴曲。老师尼法来了。他默默地站在贝多芬身后，静静聆听着贝多芬弹奏的乐曲。当贝多芬弹奏完一曲之后，尼法惊呆了。他没想到，贝多芬竟然在这样短的时间内就已经完全领悟了巴赫钢琴曲的内涵，将曲子中的情感淋漓尽致地表达了出来，这不应该是一个只有10岁的小孩子能够做到的。后来，尼法曾对别人夸赞贝多芬，称他好像天生就懂音乐，现在的学习只不过是他把已经拥有的音乐知识给调出来。

能够遇到歌·尼法这样一位好老师，贝多芬是幸运的。

在尼法的教育下，原本性格暴躁、学识肤浅的贝多芬学会了收敛自己的脾气，克制自己的情绪，并且学习到了很多从宫廷学不到的东西。

> **成长加油站**
>
> 童年时期，贝多芬经常被父亲要求练习钢琴到深夜，有时候手都磨破了。但也正是童年时的刻苦训练，才让他自身的音乐天赋得到培养并不断发展，最后他才能成为一个伟大的音乐家。所以，我们从小就要刻苦学习，为以后成就一番事业打下坚实的基础。

延伸思考

1. 贝多芬的童年生活是怎样的？

2. 童年的经历对贝多芬起到了怎样的作用？

第二章　最年轻的宫廷乐师

年轻时候的贝多芬

在跟着尼法学习一年之后，贝多芬在音乐方面的知识储备以及对于音乐的眼界，都已经有了增强和拓宽。而且，他弹奏钢琴的指法已经非常标准和娴熟了，即使在不看曲谱的情况下，他也能熟练地弹奏出很多著名的钢琴曲。为了鼓励贝多芬继续进取，尼法又给贝多芬增加了一些课程，贝多芬也都轻松地吸收和消化了。

看到贝多芬进步如此之快，尼法决定带领贝多芬学习创作。他对贝多芬说："只学会了弹奏别人的曲子还不能成为一个出色的音乐家，只有当你学会自己创作曲子，就像巴赫和莫扎特那样，你才能够成为被世人尊敬和仰慕的真正的音乐家。"

贝多芬听从了老师尼法的话，起初他尝试着在原有的曲目上进行创作，并用乐谱记录下来。渐渐地，贝多芬发现，创作曲子是一件非常有意思的事情。当他把原本毫无关联的

交响乐之王贝多芬

两个音符组合在一起的时候,它们就会发生神奇的反应,变成美妙的乐曲。在创作的过程中,贝多芬感受到了巨大的快乐。他不断尝试着将不同的音符组合在一起,探索着最符合自己心目中想要的音乐旋律。

一次,贝多芬创作出了一支很短的曲子。他兴高采烈地把曲子拿给老师尼法看,以为一定会得到老师的表扬。可是,尼法看了一会儿后,严肃地对贝多芬说:"这支曲子的曲调还是很好的,但是主题不太明确,而且内容很空洞,让人不知道你到底要表达什么思想情感。"

贝多芬听了老师的话后,信心备受打击,低着头站在那里一言不发。尼法看到贝多芬沮丧的神情后,意识到自己刚才的那番话说得太重了,毕竟他还只是一个只有10岁的孩子。于是,尼法换了一种口气说道:"音乐是人们用来表达和沟通思想情感的最高也是最复杂的语言形式。如果你想要掌握这种语言,出色地用音乐将人们的希望、理想、热爱或沮丧等情绪表达出来,那就非得付出巨大的努力不可。"

听了老师的这番话,贝多芬又重新拾起了创作的信心。他抬起头问道:"老师,你的意思是说,在开心的时候创作开心的乐曲,在悲伤的时候就创作悲伤的曲子,是这样吗?"

"表达情感只是音乐创作的一个方面,音乐创作更重要的是要传达出自己的理想,表达自己的世界观和价值观等。"尼法拍拍贝多芬的肩膀,和蔼地说道。

尼法的这段话在贝多芬的心里留下了很深的印象。贝多芬后来之所以能够创作出那么多世界著名的钢琴曲,与他小

时候的这段教育经历不无关系。

1782年6月，宫廷风琴师艾登去世，尼法成了宫廷乐队中新的风琴师。尼法受皇帝所托，要创作一幕歌剧。在此期间，尼法让贝多芬担任自己的助理，也参与到歌剧的创作中来。

此时，贝多芬已经在演奏和创作方面都取得了一定的成就。尼法要忙着乐团的排练及歌剧院的管理工作，无法分身担任乐队指挥的工作，于是他就让贝多芬上台指挥。因此，贝多芬又学习到了乐队指挥的一些知识。

1783年，贝多芬的创作灵感不断涌现。这年夏天，他一口气写下了三首钢琴奏鸣曲。当贝多芬将这三首曲子交给尼法欣赏的时候，尼法被贝多芬杰出的创作才能深深地震撼了，他没想到一个小孩子竟然能够创作出如此优美又意味深远的成熟的曲子，于是，他鼓励贝多芬将这三首作品献给皇帝。在献词中，贝多芬是这样写的："尊敬的皇帝陛下，我从很小的时候就开始学习音乐，一直到现在……现在，请允许我将我创作的三支钢琴曲呈现给您，愿您能够喜欢。"后来，这些作品都被皇帝采用，贝多芬也得到了皇帝的嘉奖。

贝多芬作为尼法的助手，一直在剧院工作，但是没有薪金。而贝多芬家的经济状况越来越糟糕，他的父亲整天喝得烂醉，根本没有挣钱养家的能力。于是，贝多芬为了分担母亲的重担，在1784年申请了一个带薪的职位。很快，他的申请就被通过了。但还没等他的薪金确定下来，老皇帝就去世了，宫廷的一切音乐活动都不得不暂停。

1784年的圣诞夜，马克雪比林·弗朗兹王子在自己的母亲、皇妃玛丽亚·茜丽莎的筹划下，顺利登上了王位，成了

新皇帝。

这位新皇帝非常仁慈、宽容，但对自己肩负的国家重任不是很重视，更不会处理国家事务。国家所有的事情都被他的母亲茜丽莎牢牢把握在手中。于是，悠闲的弗朗兹皇帝就来到维也纳，学习音乐，并将维也纳的流行音乐带到了波恩。另外，他还着重培养艺术人才，发展艺术事业，使波恩逐渐成了闻名世界的音乐之城。

为了发展本国的艺术事业，他花费了大量心血，并在全国各地收集音乐书籍，建立了一个国立图书馆，让波恩的百姓都能够受到音乐的教育。在这样一个重视音乐的国度里，贝多芬的才能得到了淋漓尽致地施展。

弗朗兹皇帝紧接着又对宫廷乐队中的每一位乐师进行了详细地调查，了解了他们的才能和特长。当时，贝多芬已经成为了宫廷乐队的第二风琴师。在他的档案中，有这样一段描述："路德维希·贝多芬，13岁，已经在宫廷中工作两年，目前还没有任何薪资；在乐队指挥缺席时，曾担任过替补指挥。他是乐队中年龄最小的一个，很有才华，但却很穷。"

而贝多芬的父亲，在宫廷乐队中担任男中音歌手的约翰·贝多芬，档案中对他的描述是这样的："他的声音能持续很久，而且已经在

贝多芬在波恩的故居

宫廷中工作很多年了。他家境贫困，但为人正直。"

弗朗兹皇帝了解情况之后，就把贝多芬父亲的薪金拨出来三分之一，作为贝多芬的薪金。

贝多芬当时也只不过才13岁，但他在弹奏风琴或钢琴的时候，已经表现得非常自如，而且很少会出现错误。他的才能已经远远超过了风琴师这个职位的要求，但苦于没有人能够发现并认可他的才能，所以他只能暂时待在这个职位上。作为一个风琴师，贝多芬只要按照给定的琴谱准确无误地完成弹奏任务也就可以了，但是贝多芬已经不能满足于此了。在弹奏的过程中，他经常擅自修改曲谱，即兴变奏，在原有的曲谱上加入自己的创作。

有一年的圣诞礼拜上，贝多芬在演奏弗·海勒的《依里米亚之悲哀》的时候，就对旋律进行了修改。演奏开始后，优美动听的乐曲从他稚嫩的手指下缓缓流出，流入每一个在场的人的耳朵里。他弹奏得实在是太动听、太流畅了，以至于人们都忘我地沉浸在了音乐当中。后来，海勒对贝多芬擅自修改自己的曲子非常不满意，于是他就去找皇帝评理。可皇帝并没有对贝多芬做出严厉的惩罚，只是告诉他以后不要再随便修改别人的曲子。

也就是在这次圣诞礼拜上，贝多芬的创作才能释放出来，就像是一颗长久埋在地下的嫩芽，终于冲破了最后一层土壤，突然出现在了人们眼前，给人带来意外的惊喜。

1787年春天，贝多芬和母亲从波恩出发，沿着莱茵河到荷兰去旅行。后来他又独自来到维也纳，拜访伟大的音乐天才莫扎特。贝多芬随便弹奏了几支曲子，想让莫扎特对自己的才能做一下评价。可是莫扎特听完之后,并没有出现贝多芬想象的兴奋与激动情绪。莫扎特冷淡的反应刺激了贝多芬,他请莫扎特给自己一个主题,自己当场作曲演奏。贝多芬有一个很特别的特点,就是他在受到外界的刺激之后,会比平时演奏得更加出色。莫扎特给了他一个主题,贝多芬根据这个主题稍微沉思了一会儿后,双手放在琴键上,顿时优美的乐曲就如同欢快的小溪一样潺潺地流入了人的心田。原本还面无表情的莫扎特听到这支曲子后,立刻变得容光焕发,双眼散发出耀眼的光芒……琴声停止后,莫扎特还呆呆地坐在座位上,依然沉浸在乐曲当中。过了好一会儿,他才十分感慨地对在场的其他人说:"这个孩子将来一定会震惊整个世界!"

成长加油站

一个人要想成为人才,光有天赋是不行的,他还必须要接受系统的教育。贝多芬虽然从小就具有极高的音乐天赋,但如果他没有跟从老师学习,掌握扎实的音乐基础知识,那他后来很可能就不会取得这么大成就了。所以,我们一定要认真上课,按时完成老师布置的作业,做到不逃学、不应付。

延伸思考

贝多芬童年时期接受过哪些老师的教育?

第三章　初涉爱河

一个多月之后,当贝多芬正要从维也纳到奥格斯堡去的时候,他突然接到了父亲的一封信。在信上,父亲告诉他,他的母亲病倒了,让他立刻回家。贝多芬只好终止自己的旅行,向朋友借了一些钱,匆忙赶回到了波恩的家中。此时,他的母亲已经躺在床上,病得奄奄一息了,而他年仅1岁的妹妹也病得非常厉害。1787年,贝多芬的母亲因肺病去世,小妹妹也在同年的11月25日死去了。

母亲的去世给贝多芬造成了非常大的影响,幸好,他们的房东冯·勃朗宁夫人总是无微不至地关心他,帮他打理着家里的事情,他才没有被家庭事务纠缠得筋疲力尽。冯·勃朗宁夫人有4个孩子,其中她的女儿艾兰诺拉,昵称"劳欣",从15岁的时候,就跟随贝多芬开始学习弹钢琴。

贝多芬在家里面算得上是一个非常有责任心的兄长,他总是想尽一切办法保护着自己的弟弟和妹妹,让他们尽量不会被外界伤害。但是,贝多芬毕竟是一个男孩,很多家务事他是做不来的。贝多芬家里的事务之所以能够安排得井井有条,多亏了房东冯·勃朗宁女士的热心帮助。冯·勃朗宁女士是一个非常聪慧、

能干且非常有朝气的女性。她的丈夫在她27岁的时候就去世了。1777年，宫廷发生了一场大火。由于当时的救火设备还比较落后，所以就只能任由大火蔓延，眼看大火就要烧到宫廷的机要文件室了，冯·勃朗宁女士的丈夫就和一些市民主动去救火。在救火的过程中，一堵墙突然倒塌下来，把他们全部都压在了下面。后来，大火熄灭后，冯·勃朗宁女士的丈夫也没有出来。失去丈夫后，冯·勃朗宁女士就独自带着4个孩子生活。她将全部的精力都放在了照顾孩子们上面，所以她并没有感到孤独。冯·勃朗宁女士的哥哥亚伯拉罕·冯·凯利舒是一位牧师，他经常来看望自己的妹妹。她丈夫的弟弟洛朗士也是一位牧师。他经常来哥哥家，和凯利舒聊天。

贝多芬也很快和冯·勃朗宁女士一家成为了很好的朋友，他非常喜欢和他们相处，不仅白天的时候和他们待在一起，到了晚上，也会和他们聚在一起聊天、说笑。在这里，他感觉非常自由，好像没有什么能够难住他，他对所有的事情都感到很有兴趣。当洛朗士牧师用通俗的语言来给年幼的孩子们读荷马和柏露泰舒的诗的时候，贝多芬也会闲适地站在一旁，静静地聆听，仿佛也想从牧师那里得到些什么……

冯·勃朗宁女士像爱护自己的子女一般爱护着贝多芬，这让贝多芬在艰苦的生活中感受到了一丝自由和愉快的甜蜜。只要贝多芬有需要，冯·勃朗宁女士总是会尽可能地满足他。但是，由于贝多芬小时候经受了太多的磨难，在环境恶劣、条件艰苦的生活中，他很少有机会能够对世界上的其他事物进行深入地了解。所以当他长大后，在教育学生的时候，总是会做出一些有损教师

尊严的动作或行为，常常引起学生的嘲笑。每当这时候，贝多芬就会大发脾气。而母亲去世给他造成的创伤更是让他随时都有可能陷入忧郁的情绪当中。冯·勃朗宁夫人看到贝多芬情绪低落的时候，就会尽可能地用一种合适的方式来安慰贝多芬，让他受伤的心灵得到慰藉，引导他从愤怒等情绪中慢慢走出来。贝多芬在冯·勃朗

青年时期的贝多芬

宁夫人的劝导下逐渐变得明朗、活泼起来。而且他也逐渐意识到：必须要尽快让自己变得文雅且富于尊严。

冯·勃朗宁夫人经常会邀请她的朋友们到家里做客，这也给贝多芬创造了和年轻小姐们见面的机会。他慢慢地不再害羞，说话也多了。他经常会在这些小姐们面前主动讲述自己对音乐的喜爱及在学习音乐的过程中发生的一些趣事。当丘比特之箭射中贝多芬的时候，他是如此充满热情。韦格勒曾说贝多芬："他是如此喜爱蒂洪娜丝和韦思特·荷尔特小姐，一直从年轻持续到成年。贝多芬对"爱"的渴求是如此强烈，并愿意用尽办法来得到它，但这往往又是不可能的。"

韦格勒所说的蒂洪娜丝小姐和冯·勃朗宁夫人的女儿劳欣是好朋友。蒂洪娜丝从科隆来到波恩，打算在冯·勃朗宁夫人家停留一星期。这位蒂洪娜丝小姐非常漂亮，也很活泼，接受过很好的教育。她非常喜欢音乐，歌声甜美动人。

交响乐之王贝多芬

贝多芬经常主动和蒂洪娜丝小姐待在一起。蒂洪娜丝小姐被贝多芬的真诚打动了，在回科隆之前，她为贝多芬唱了一首忧伤的歌曲，告诉贝多芬她对于他们的分离感到非常的痛苦。而贝多芬因为她的离去也惆怅了很长时间。后来，蒂洪娜丝小姐却和科隆的一位军官结婚了。

贝多芬很快又爱上了他的一位女学生，这位女学生叫韦思特·荷尔特，是一位宫廷退休参事的女儿。她可以说是波恩城内最漂亮、最贤惠的小姐了。贝多芬对于韦思特·荷尔特小姐的爱简直到了疯狂的地步。可是，韦思特·荷尔特小姐最后和一位男爵结婚了。不久，贝多芬又喜欢上了一位地主的女儿，但是最后也没有结果。

而贝多芬和劳欣之间既有师生情谊，又能够长时间相处，而且两人的年龄也相仿，所以他们的恋爱看起来就更理所当然了，但两人最后也没有走到一起。贝多芬在离开波恩之前，和劳欣发生了激烈的争吵，以至于贝多芬不得不和冯·勃朗宁夫人家中断了联系。后来，冯·勃朗宁夫人出面调解，才使两人的关系稍微得到恢复。劳欣还送给贝多芬一条丝质围巾作为和好的礼物。贝多芬也感到很后悔，他为劳欣写了一首变奏曲，还有一封信。在信中，他写道：

"你亲自为我织围巾，让我感到非常意外且惊喜。收到这份礼物，我感到非常感恩和欣慰，同时它也让我回想起了我们之间发生的事情。我总是惹你生气，而你总是用你的宽容和大度来包容着我。真的，我没有想到你还记得我。如果你能够看到我昨天因为这件事而受到打击的话，你一定会明白我说的

话都是千真万确的。而且，我可以毫不避讳地说，你还能够想起我这件事，让我感到非常感动，以至于我号啕大哭。我亲爱的朋友，我已经忍受了很长时间，现在依然在忍受着这份苦楚——失去我们之间的友谊。我是不会忘记你还有你的母亲的。现在，我已经明确地知道我的过错还有你对我的感情！"

后来，贝多芬在维也纳又见到了冯·勃朗宁夫人和劳欣，双方都感觉很尴尬。对此，贝多芬感到非常伤心。因为他突然感觉到自己没有理由接受她家的恩惠，就说了一些没有礼貌的话，等他后来发觉自己失态的时候，已经太晚了。有时候，他说话太过直接，让即使最真挚的朋友都很难忍受。他刚到维也纳的第一年是那样骄傲，并非常自我地表现着自己，但现在，他终于认识到了自己的错误——对性情忠良的人缺乏忠实的情感，特别是对像劳欣一样的年轻女孩子。

后来，贝多芬又给劳欣写了一封信，向劳欣表达了自己衷心的忏悔。这封信是这样开始的：

"我最亲爱的朋友艾兰诺拉：维也纳，1793年11月2日。我在这里已经居住一年了，但期间只收到过一封信。而我却经常想念你，我说的是真的。我和你经常聊天，聊天的内容多是你的家庭。但是在聊天的过程中，我的头脑却无法安静下来，可我却非常需要安静。后来，我们之间就发生了激烈的争执，我在你面前表现得非常顽固、强硬。可是，这种态度与我的性格是非常矛盾的，我想要改变，但是又不知道方法。随着我搬离波恩，我们之间的距离拉开了，我们的感情也变得越来越

淡。我认为，我们之所以会变得这样陌生，完全是因为我们说话的时候都太客气了，所以无法真正和好。虽然还有一些怒气，但我们都相信自己是被对方给说服了，而事实并非如此。你是如此好性格，所以我相信你肯定会原谅我的。"

可是，不管怎样弥补，贝多芬最后也没能修复和劳欣的关系，他与冯·勃朗宁夫人一家也最终断绝了往来。

成长加油站

贝多芬在与朋友交往的时候，总是任性、爱乱发脾气，以至于最后和朋友闹翻、分手。这告诉我们，在与人交往的时候，一定要多为对方考虑，不要自私自利，更不要耍小性子。这样，朋友才愿意与我们交往，我们才能收获真挚的友谊。

延伸思考

1. 冯·勃朗宁夫人对贝多芬的成长产生了怎样的积极影响？

2. 贝多芬和劳欣的关系为何破裂？为什么？

第四章　维也纳拜师学艺

在波恩的时候，年轻的贝多芬交了很多显贵朋友。皇帝很欣赏他的才能，有着奥地利血统的华尔特斯坦公爵对贝多芬更加器重。华尔特斯坦知道贝多芬家里穷困，于是就经常送钱给他花，也因此，贝多芬的朋友们都误以为他的钱是皇帝给他的。

到了1792年，贝多芬离开波恩，到维也纳去了。而这一年，伟大的音乐天才莫扎特去世了。人们猜测，他很有可能是被华尔特斯坦公爵邀请来维也纳，以便跟着伟大的音乐家海顿学习的。同时，华尔特斯坦公爵又请求皇帝不要因为贝多芬离开职位而停止发放薪金，而皇帝也答应了。这确保了贝多芬在来到举目无亲的维也纳之后，也能够生存下来，不必忍受饥饿和寒冷的威胁。

海顿看到了贝多芬身上的才华，认为他将来一定会震惊世界。所以，1790年，他在从伦敦回维也纳的时候，改道去了波恩。在波恩，他被邀请到哥德斯堡参加了皇家音乐会。而贝多芬就是在这次音乐会上演奏的一员。贝多芬被安排在海顿面前演奏了一曲，这首曲子恰好是海顿非常熟悉和喜爱的。海顿

交响乐之王贝多芬

听完贝多芬的演奏，当下就决定要当贝多芬的老师，教他弹奏钢琴。贝多芬一直希望可以从海顿那里了解更多音乐艺术的精髓。所以，当他听说海顿要收自己为学生的时候，自然高兴万分，也绝不允许这样一个难得的机会轻易地溜掉。

华尔特斯坦公爵很快就知道了这件事情，于是他给贝多芬留下了一张纸条，上面写着：

亲爱的贝多芬：

　　现在，你应当到维也纳去了，因为那里更能让你施展你的才能，实现你的志向。……有了海顿的指点，你再找一个合适的合作者，那么，你就能从海顿那里将莫扎特的精神全部吸收过来了。

你的忠实朋友华尔特斯坦
波恩1792年10月29日

华尔特斯坦公爵和贝多芬的想法不谋而合。可是，正当贝多芬要动身前往维也纳的时候，法国爆发了战争。很快，莱茵州也陷入了战火的包围之中。很多贵族们纷纷忙着转移财产，并将家搬到远离战火的地方。可是，这场战争对于贝多芬并没有造成多大的影响。他依然收拾好行囊，开始了他的旅途。当他来到科朴伦斯，亲眼看到战争造成的混乱场景的时候，才意识到战火已经蔓延到莱茵州了。但他没有停留，也没有后退，而是继续经过巴伐利亚、纽伦堡、巴萨、林堡等城市，最后来到了维也纳。

在维也纳，帝王的宫廷、国家图书馆、大学的校园、宽敞的

广场，一切看上去和莱茵河畔的景致完全不同。圣·司蒂芬大教堂和科隆大教堂一样高耸入云，非常壮观。它美丽的塔尖仿佛是一位睥睨众生的巨人一样，让人不敢亵渎。一直居住在波恩这座小城市的贝多芬，看到恢宏壮阔的维也纳大城市后，瞬间就爱上了这座城市。

为了节省费用，贝多芬就在阿尔萨郊外的一个印书店主施特劳斯家里住了下来。

贝多芬雕塑

施特劳斯的家附近有一座古城堡。这座城堡的墙有16米高，站在上面可以看到整个维也纳全貌。翠绿的草地、茂密的树林，可以让人们的心情得到放松，而狭长的道路则是散步的好场所……刚从田地里干完活回来的农民正从车上卸下粮食和干草。如果来到远郊，眼前就会呈现出更加广阔的农田和散发着果实的香甜的葡萄园……

贝多芬首先必须要做的就是要赶紧熟悉这个小镇，并为在这里生活做好一切准备。他租了一架钢琴，买了一张写字台，还有咖啡和引火柴等物品，并买了自己人生中的第一件外衣、假发、鞋子和丝织品。和从前相比，他现有的生活环境和生活条件已经好很多了。22岁的贝多芬也早已经褪去了羞愧的感觉，说话也变得更加流畅，他能够非常有礼节地和贵族打

交道，给人留下良好的印象。虽然华尔特斯坦并没有向任何人引荐贝多芬，但是贝多芬凭借自己的努力，获得了很多人的喜欢。贝多芬在维也纳的人气越来越高，挣的钱也越来越多，他走在大街上经常会引起周围人的注意。

其实，从外貌上来看，贝多芬并没有什么出挑之处，身材短小，脸上分布着红红的青春痘；穿着一身灰黄色的衣服和裤子，围着一条过时的围巾，且显得和衣服很不搭配，衣饰虽有了改变，但仍显寒碜。但是，他从不为自己的穿着和有点土气的莱茵话而感到害羞。他每次外出，都会带上一头黑亮且蓬松的假发，看起来有一种和他年龄极不相称的严肃，让人感到很好笑。可是，就是这样一个不修边幅的年轻人，身体里却潜藏着一种强劲、粗犷的力量，让人们不敢轻视他。贝多芬是聪明的，他不会一直坐在家中，等着幸福送上门来，他担任钢琴教师，也只是为了维持生存而采取的一种暂时的手段罢了。

在维也纳住了一年之后，贝多芬给劳欣写了一封信。在信中，当他说到自己的生活的时候，是这样写的："你知道吗？你的朋友的生活现在正变得越来越好，而他的幸福也将会让他慢慢从过去的可怕的回忆中走出来。"的确，贝多芬来到维也纳后，幸运之神似乎经常光顾他，仿佛是对他小时候所遭受的一切苦难做出的补偿。这种幸福感，不是一般人能够体会得到的。

贝多芬除了在刚来维也纳的时候会发脾气以外，后来就很少发脾气了，因为他已经完全投入到音乐当中去了，根本没有时间为其他事情生气。1794年，贝多芬的好朋友韦格勒

也来到了维也纳,他原本以为贝多芬在维也纳会生活得很窘迫,因为皇帝已经停止向他发放薪金,所以当他看到贝多芬生活得很好的时候,感到很惊讶。

贝多芬刚到达维也纳一个月,他的父亲就去世了。于是,他的两个弟弟卡尔和小约翰也来到了维也纳。但是,他们并没有成为哥哥的累赘。他们两个就像在波恩遇到困难的时候一样,团结在一起,共同劳动。小约翰成了一名药剂师,而卡尔则像他的哥哥一样,也想成为一名音乐家。在韦格勒看来,贝多芬和他的弟弟们相处得非常融洽,他们住的房子也和城里的房子条件差不多。后来,贝多芬又搬到喜爱音乐的卡尔·里区诺斯基王子那里去住,把房子留给自己的两个弟弟。

音乐是卡尔·里区诺斯基王子的最大爱好,也是他生命中最重要的东西。所以,他在有关音乐的事情上总是十分慷慨。里区诺斯基王子家里几乎每天都会举行一场或大或小的音乐会。维也纳的音乐家也每次都会应邀在音乐会上演奏。

在每周五举行的音乐晨会上,依格拉斯·休本柴、路依丝·辛纳、弗朗兹·魏斯和尼古拉斯·克莱夫特四位年轻的音乐家都会一起上演一曲四重奏,这也是音乐会上的重头戏。其中,依格拉斯·休本柴是第一小提琴手,才16岁。别看他年龄小,他的小提琴演奏技艺非常高超。此外,他还指挥过奥加登的音乐会,并获得了广泛好评。而第二小提琴手路依丝·辛纳、中提琴手弗朗兹·魏斯和低音提琴手尼古拉斯·克莱夫特都差不多大。有时,里区诺斯基王子也会亲自担任第二小提琴手;有时,柴姆斯加尔会和克莱夫特互换位置；更让人想不到的是，克莱夫特的父亲也来参加过音乐会，并进行了演出。安东·克莱夫特当时已经是一个非常有名的大提琴家了，他在演奏的时候和埃斯特海兹及海顿都配合得非常默契。在这些优秀的音乐家的参与下，每一次四重奏都非常成功，而且花样翻出，给人带来意外的惊喜。

每当他们要演奏四重奏的时候，贝多芬总是站在一旁静

正在演奏的贝多芬

静聆听，并不加入其中，虽然他也会演奏三重奏或二重奏。

卡尔·里区诺斯基王子的父亲舒怀顿男爵也非常喜欢音乐。但他对于音乐的选择比较严格，最喜欢的音乐家是亨德尔和巴哈。所以，舒怀顿男爵想尽办法将亨德尔和巴哈请到了自己家中，让他们在宾客面前演奏他喜欢的风琴曲。可是这些风琴曲对于一般的听众来说，太晦涩难懂了，宾客们根本就不喜欢。舒怀顿男爵不管，他坐在前排，忘我地沉浸在音乐当中。当有宾客不小心发出一点细小的声音的时候，他就会站起来，严厉地瞪着发出声音的那人，直到那人羞愧地

安静下来，他才慢慢坐下去，继续欣赏音乐。

美妙的音乐、公开的和私人的音乐会给贝多芬提供了很多学习和积累经验的机会。而与他交好的贵族们则为贝多芬提供了经济支持，让他可以安心在音乐上不断突破、成长并不断创造。他的贵族朋友们会供给他各种费用，还有额外的帮助，而里区诺斯基王子还为他争取到了一个职位，贝多芬在这个职位上每年可以挣600弗洛林。贝多芬没有不好意思，他坦然地接受了他们的恩惠，而作为报答，他创作出了大量的乐曲。这似乎也是贝多芬的一种义务。如果他不愿意接受他们的恩惠，也不愿为贵族们创作音乐，那么他就会失去很多朋友以及朋友的帮助，他的生活将会变得非常艰难。

贝多芬的才能也逐渐得到了维也纳普通民众的欣赏和喜爱，所以，贝多芬在维也纳的地位也越来越高。这在人们看来似乎是理所当然的。而贝多芬心里很清楚，自己之所以能够得到今天的社会地位，与莫扎特和海顿这两位音乐先驱有很大的关系。因为他们已经使民众形成了喜爱音乐、尊重音乐家的良好氛围，而且这种氛围已经超过了其他世俗观念，几乎到达了宗教崇拜的地步。虽然贝多芬来自波恩，不是本土音乐家，但是他却不必出示他的资历证书和介绍信，只要他真正有才能，能够在钢琴前展现自己的水平，他就能获得别人的尊重。

在维也纳的音乐理想主义风气的影响下，他的性格变得越来越温顺，他再也不像以前一样经常发脾气了。当然，他也没有理由再发脾气了，他的社会地位提高了，得到了人们的尊重，无论是生活还是事业都非常顺遂。如果非要挑出不

交响乐之王贝多芬

足的话，那就是他还没有结婚。所有的事情都按照贝多芬的意愿发展着，他的音乐才能给他带来了很多便利。而他利用这些便利充分施展着自己的音乐才能，进行着音乐创作，同时还进行着音乐教育事业。贝多芬以维也纳作为起点，在音乐的道路上越走越通畅，也越来越成功。

成长加油站

贝多芬来到维也纳后，接触了很多音乐大师，从他们身上学习到了很多知识。由此可以看出，我们多和优秀的人接触，那么受到潜移默化的影响，慢慢地也会变得优秀起来，这也就是"近朱者赤"。所以，我们在学习和生活中，要多和那些表现优秀的人接触，学习他们优秀的品质，并逐渐向他们靠拢。

延伸思考

1. 居住在里区诺斯基王子家里这段时间，贝多芬有什么收获？

2. 贝多芬来到维也纳后，人生发生了怎样的变化？

第五章　自由随性的学生

贝多芬来到维也纳不久，就去拜访了海顿。海顿当时并没有立刻招收他做自己的学生，但过了不久，又同意教贝多芬。海顿一开始教贝多芬的都是一些古老而简单的宗教音乐。其实，海顿原本打算从音调和弦等初级音乐知识开始教的。但半年之后，海顿对贝多芬的教育就几乎停滞了，因为海顿不仅学生众多，还要准备进行交响曲的创作，所以，忙碌的海顿对于贝多芬出现的错误根本来不及指正，就好像他从来没有出现过错误一样。

贝多芬从海顿身上获得的主要就是友谊上的帮助和艺术上的立场。贝多芬从来没有向海顿学习过作曲，但后来他成为了一位著名的作曲家。这就要说到贝多芬的另外一位老师——约翰·舒乃克。

贝多芬经常在朋友面前谈起他跟随海顿学习的一些情况，并表达了他自己对于创作的渴望。于是，他的一位朋友就劝他拜约翰·舒乃克为师，向他学习作曲方法。从此开始，贝多芬才正式为他未来的音乐成就展开奠基工作。

舒乃克知道贝多芬不喜欢按照既定的规则来演奏或创作音乐，所以，他就教贝多芬一些他真正感兴趣的东西。舒乃克曾在他的自传中写道："我知道我必须要尽全力来帮助我所热爱的学生，我也愿意将他从海顿那里没有学到的知识都教给他，但是这一切都是在秘密中进行的。"在舒乃克的引领下，贝多芬逐渐走上了音乐创作的正轨，开始用自己的智慧来创作伟大的音乐作品了。过了一年多后，舒乃克已经将他可以教的东西全部传授给贝多芬了。

1794年，舒乃克离开维也纳，到伦敦去了。临走的时候，他把他的学生贝多芬交给了非常有名的阿尔伯莱赫斯伯格。但是，阿尔伯莱赫斯伯格和海顿一样，对贝多芬并不十分重视，他教给贝多芬的东西对于贝多芬今后的音乐发展并没有什么大的意义。唯一还算得上一点收获的，应该就是他教会了贝多芬使用柔软音质。虽然贝多芬没有从阿尔伯莱赫斯伯格那里得到有价值的指导，但他的想象力逐渐变得丰富起来。

后来，贝多芬又跟着尚勒利学习。尚勒利是皇家乐队的指挥，也是一位作曲家。他凭着自己娴熟的技巧和丰富的经验，得

贝多芬钢琴奏鸣曲集第一卷

到了音乐界人士的广泛尊重。他教贝多芬学习声乐和意大利语，而且不收取贝多芬的任何费用。他和阿尔伯莱赫斯伯格完全不同，他在教学过程中非常认真、负责任。并且贝多芬也非常努力地学习。后来，贝多芬自己创作了一些歌剧作品，他拿给尚勒利听，想请老师给自己一些指导。海顿也与尚勒利一起听了这些作品。其中，第一支作品就是《三首钢琴三重奏》，这是决定贝多芬一生命运的一支曲子。当时是在里区诺斯基家。海顿静静聆听着曲子，他似乎从曲子中感受到了一些他以前从未接触过的东西。海顿听完之后，对贝多芬及这首曲子赞赏有加，但是最后话锋一转，告诉贝多芬："在第三乐章中不要加C小调。"贝多芬听到这句话后，感到十分惊讶，因为在他看来，第三乐章是整支曲子中最完美的一个部分。这件事使贝多芬对海顿产生了不好的印象，他总觉得海顿嫉妒自己。后来，贝多芬的学生兰兹向海顿询问这段往事的时候，海顿亲口承认说："我不相信三重奏可以这样轻松地被大众所理解。"

如果说海顿的话不能理解为是对贝多芬的嫉妒，那么至少说明他对贝多芬的成功是非常羡慕的。贝多芬乐曲中所包含的那种自由的观念、进取的力量，是海顿风格的作品中所不具有的。所以，当海顿看到有人进行音乐革新的时候，他做出的判断很可能无法保持公正。

贝多芬从此便不再把海顿当作崇拜的对象。当海顿要贝多芬在曲谱的署名前冠以"海顿的学生"时，贝多芬想都没

想，就立刻拒绝了。因为在贝多芬看来，虽然他从海顿那里学到了一些东西，但是那都是一些非常简单、浅显的知识，对于他的才能发展并没有太大的帮助。

贝多芬完成了《三首钢琴三重奏》（作品第1号）之后，一直没有发表。直到两年后的1795年，贝多芬才将其出版，并冠名为"赠里区诺斯基王子"。贝多芬没有按照海顿曾告诫自己的话，对作品进行修改。1796年，贝多芬又创作出了《三首钢琴奏鸣曲》（作品第2号），并宣称是献给海顿的。

对于贝多芬的大度，海顿感到非常苦恼。因为他很清楚，自己完全有能力将贝多芬带到伦敦，培养他成为一个钢琴家。但是，他这样做对于自己是不利的，因为贝多芬很可能会超过自己。后来，海顿在伦敦名声大噪，继而又在整个欧洲传播开来，这为他带来了丰厚的收入。

由于贝多芬最初只是一个名不见经传的青年音乐家，所以维也纳人当时也没有把贝多芬当一回事儿，而且也从来没有想到他会成为一个作曲家。但很快，贝多芬就用自己的才能征服了维也纳。他的即兴钢琴演奏让维也纳人如痴如醉，他也因此获得了"即兴钢琴演奏家"的称号。贝多芬最擅长演奏的就是一些协奏曲、奏鸣曲或三重奏，他的演奏技巧成为了众人关注的焦点。有时，他也会演奏自己的《降B长调钢琴协奏曲》。但他对于这首自己第一次用管弦乐伴奏谱成的曲子并不满意，后来虽然经过多次修改，他也依然不满意。

后来，贝多芬创作出了他的第二首《C大调钢琴协奏曲》（作品第15号），并于1798年在布拉格第一次公开演奏。贝多芬所写的这首协奏曲与莫扎特的风格非常接近，但不同于莫扎特作品的是，贝多芬在曲子中加入了号角。没过多久，他又开始了《C小调钢琴协奏曲》（作品第37号）的创作。他只要一开始音乐创作，便再也无法停下来。

贝多芬乐谱、手迹

《C小调钢琴协奏曲》首先在葡萄剧院进行了演奏，贝多芬亲自担任钢琴独奏。这首协奏曲不仅音域宽广，且极富感染力，这说明贝多芬在创作技巧上有了很大的进步。而且，贝多芬在这支曲子中还频繁运用管弦乐队，这给人的感觉就好像贝多芬在有意增强他的作品的表现力。

对于当时演奏的情形，贝多芬的学生兰兹是这样记述的：

"贝多芬静静地坐在钢琴的前面，而台下的观众也一言不发地耐心地等待着。过了一会儿，他慢慢俯身下去，仔细地看了一遍曲谱。他很少去看曲谱的，因为他早已将所有的音符都牢牢地记在了心里。而摆在他面前的曲谱根本就不像是一份正规的曲谱，倒像是小学生潦草的演算本，即使让人去看，也很少有人能看得懂。贝多芬看着曲谱露出了幸福的笑容，因为上

交响乐之王贝多芬

面记录的每一小节,他都知道得非常清楚、明白!"

1796年,贝多芬从维也纳出发,进行了一次音乐之旅。但他只去了两个城市,一个是布拉格,另一个则是柏林。贝多芬来到柏林后,受威廉二世的邀请,多次在普鲁士皇宫进行演出。后来,贝多芬还为威廉二世创作了两首低音提琴协奏曲,这也就是第5号作品了。

1797年,贝多芬又完成了《降E大调五重奏》(作品第16号)。原本已经定好在4月6日休本柴音乐会上作首次演奏,但是贝多芬在演出当天又在原来的作品上临时加入了一段。这让他的伴奏者非常不高兴。笛手雷姆愤怒地吼道:"你这种行为简直是对听众们的一种羞辱。我已经准备好演奏了,可是不得不一次又一次地把笛子从嘴唇边移开。"可是,贝多芬依然固执地修改曲谱,直到自己满意为止。后来曲子演奏出来后,全场的听众都震惊了。到1801年,这支曲子才发表出来。

在1799年,大钢琴家萨尔斯堡·约瑟夫·弗范尔也来到了维也纳。他按照当地的习俗,立刻就向贝多芬发出了挑战。担任评判的是兴加尼德剧

贝多芬在家中专心从事音乐创作

院的年轻指挥家西弗拉特。对战的结果很明显，贝多芬以明显优势胜出。其实，很少有人能够与贝多芬比拼钢琴技巧。他的侄子卡尔·采莱曾对他的作品进行过这样的评价："没有人可以演奏他作品中那些快得让人惊讶的音节，他的双颤音和跳跃的速度甚至已经远远超过了赫梅尔。他在演奏的时候，非常从容、高贵，脸上一片平静。他只有在听不见的时候，头才会向前倾斜一点。虽然他的手指不长，但却很有力量。他的指尖由于小时候长时间的练习和演奏变宽了。"

1799年，钢琴家约翰·克莱默牧师也来到了维也纳。和弗范尔相比，克莱默的艺术水准更高。很快，他就成为了欧洲最杰出的钢琴家之一。他的演奏水平与贝多芬不相上下。可是，当克莱默听到贝多芬的演奏的时候，他依然被精彩而完美的演奏以及乐曲中所包含的丰富且富有煽动性的想象力惊呆了。很快，两人就成为了好朋友。

或许，贝多芬停止跟随海顿学习是一个正确的选择，因为贝多芬是一个"即兴"创作能力很强的人，只有在自由、随意的氛围下，他的才能才能够充分展现出来。而海顿是一个有着严密的思维逻辑，做任何事情都保守地遵循着既定的规则的人。海顿决不能允许贝多芬在创作的过程中临时更改或增添内容，而这对于贝多芬来说简直就是扼杀灵感的"杀手"。贝多芬按照自己的风格，从不同的人与事情上吸收各种不同的因素和营养，然后再把这些因素整合起来，进行即

交响乐之王贝多芬

兴创作。而这才是符合贝多芬的音乐创作方式。

成长加油站

每个人的天赋、性格和习惯都不相同,所以学习方式也存在差异。我们在学习的时候,一定要找到适合自己的学习方式,这样才能收到好的学习效果。就像贝多芬喜欢比较自由的学习方式,所以他不适合海顿的教学方式,于是他就停止向海顿学习。当我们发现一种学习方式不适合自己的时候,也应立即放弃,重新选择一种更适合自己的学习方式。

延伸思考

1.贝多芬为什么不在跟随海顿学习?

2.贝多芬是一个怎样的学生?对我们有什么启发?

第六章　收获名声

贝多芬成了维也纳的名人。人们都希望能够亲自见一见这位音乐天才。可是，贝多芬并没有因此变得沾沾自喜，他依然不停地学习，甚至比以前更加努力。

贝多芬不仅进行音乐创作，还经常阅读大量的哲学和文学著作，比如哲学家康德、费希特以及大文学家歌德、司各特、拜伦、雪莱、雨果和普希金等人的著作。为了搜集更多好的书籍，他经常去逛书店。可以说，在维也纳城内，几乎没有贝多芬没有去过的书店了。他的家里堆满了各种书籍。每次朋友去拜访他，都看到他正捧着一本厚厚的书在认真阅读；有时朋友都已经走到他跟前了，他还没有发现。贝多芬的一生都非常勤奋好学，直到去世之前，他还想要学习呢。

每年的夏天，贝多芬都会到乡下去住一段时间。因为他认为只有远离喧嚣的人群，到大自然的怀抱中去，他的思维才能够打开，才能够获得源源不断的灵感。在乡下，贝多芬完全放松自己，仿佛又回到了无忧无虑的童年时光。

一次，贝多芬去乡下度假。他租了一辆破旧的马车，载着几只破旧的箱子和一大堆曲谱及书籍，在坑坑洼洼的羊肠小路上慢慢地前进着。贝多芬则跟在车子后面，一会儿高兴

地哼唱优美的曲调，一会儿又望着周围美丽的风景陷入沉思。等到达目的地后，马车车夫回头寻找贝多芬，却发现贝多芬不见了。马车车夫非常惊讶，他到处寻找，可就是找不到。无奈之下，车夫只好坐在那里等贝多芬。几个小时过去了，天都快黑了，贝多芬仍没有回来。车夫只好把贝多芬的东西从车上卸下来，放在空地上，离开了。

原来，贝多芬在半路上看到有一片鲜花盛开的原野，于是，他不由自主地就朝那里走了过去。站在草地上，看着不远处绿油油的玉米苗随风摇摆，听着树丛中鸟儿婉转的歌唱，灵感就不断地从他的脑海中蹦出来。贝多芬赶紧在草地上坐下来，拿出纸和笔，将闪现出来的灵感快速记录下来。此时的他哪里还记得马车呢。过了几个小时之后，贝多芬突然听到自己的肚子发出了一阵响亮的叫声，这才感觉自己饿极了。他抬头看了看天，发现太阳已经落山，天正逐渐变黑，他猛然喊了出来："糟糕！"接着，他突然从草地上站起来，抓着画满了音符的稿纸，急忙往目的地跑去。

维也纳乡村美景

贝多芬在维也纳的最初几年里是他一生中最美好的时光，他的辛勤与努力在这个时期得到了应有的回报。在首次演出成功后，贝多芬正式获得了人们的认可。他的音乐事业也真正起步了，而这给他带来了大量的演出机会。频繁的演出也给贝多芬带来了丰厚的经济收入，他的生活正变得越来

越好。在1796年,他到布拉格、莱比锡、柏林等地进行巡回演出的时候,给弟弟写了一封信。在信中,他提到自己情况的时候说:"我现在过得很好,真的。我在艺术上的成绩为我赢得了荣誉、金钱还有友谊……"

成长加油站

贝多芬在成名之后依然刻苦学习,阅读大量书籍。即使他去休假的时候,也依然在忘我地进行着音乐创作。或许这就是他能够成为闻名世界的大音乐家的一个重要原因吧。我们也应该向贝多芬学习,养成勤奋好学的习惯,抓住一切可以利用的时间好好学习,增长自己的知识和才能。

延伸思考

1. 贝多芬喜欢读哪些书?

2. 贝多芬在乡下的经历表现了他怎样的品质?

第七章　搬出亲王府

1796年，里区诺斯基王子带着贝多芬到布拉格、莱比锡和柏林进行旅行演出。这对贝多芬来说，不亚于他从波恩到维也纳对他人生起到的转折意义。所以，贝多芬对这次演出充满了期待。

清晨，布拉格神学院的礼堂门口就挤满了等待的观众。音乐会开始后，舞台上的幕布拉开时，台下已经坐满了观众。贝多芬怀着激动的心情来到舞台上，先后演奏了自己的作品《C大调钢琴协奏曲》和《A大调钢琴奏鸣曲》中柔和优美的回旋曲，然后他又根据莫扎特的歌剧《狄托的仁慈》中的一个主题进行了即兴演奏。演奏结束后，布拉格的听众深深地被震撼了。他们认为，如果莫扎特的音乐像灿烂温暖的太阳，那么贝多芬的音乐就像一颗谁都猜不到运行轨迹的彗星。

在布拉格的演出结束后，贝多芬来到了柏林。在王宫里，贝多芬和大提琴家杜波尔特一起演奏了他最近创作的《大提琴奏鸣曲》。这次演奏得到了国王威廉二世的高度赞赏，他还把一个金鼻烟盒送给了贝多芬。这个鼻烟盒可不是普通奖品，据说只有地位显赫的公使才能获得。

这次巡回演出结束后，贝多芬又回到了维也纳。他依然居住在里区诺斯基王子家中。但这时贝多芬已经产生了要搬出去居住的想法，因为里区诺斯基王子经常喜欢在家里举办音乐会，宴会嘈杂的声音总会打扰到贝多芬进行音乐创作。

一次，因为里区诺斯基王子邀请了一大批客人来到自己家里，想要听贝多芬即兴演奏。在这些客人中，有很多是当时占领维也纳的拿破仑军队中的军官。贝多芬知道后，坚决不愿意为他们演奏。

另外，贝多芬也感觉自己与贵族社会的不协调，他对贵族的生活习惯非常不适应。当时，贵族们每周都要举行四次宴会，为此，贵族们要花费很多时间在穿衣打扮、场地布置等上面。而且这些宴会非常单调乏味，丝毫吊不起人的任何胃口。

但贝多芬对自己的朋友和普通百姓的态度都是非常亲切的。他在给小提琴家里斯的信中曾说："如果我有办法的话，我就不会允许我的任何一个朋友是贫困的。"他在给好朋友威格勒医生的信中也说："如果我看到一个朋友正处于困境，而我只坐在书桌前就能够帮他解决苦难，走出困境……那该有多美好啊！"

贝多芬不仅对待朋友非常友好亲切，而且对待学生，也表现出了慈父般的关心。当朋友需要帮助的时候，他总是尽可能地为他们提供帮助。

贝多芬从里区诺斯基王子家里搬出来以后，在一个偏僻的地方找到一个公寓住了下来。他在自己的住所里可以自由自在地活动，也可以按照自己的兴趣来安排自己的生活，而

交响乐之王贝多芬

不用考虑自己的行为可能会给别人带来不快。

一次,贝多芬为了让视线变得开阔一些,就把窗户去掉了一块。而且,他从来不挂窗帘,因为当他产生灵感的时候,喜欢随手涂画,所以窗帘经常会被他涂得脏兮兮的。

贝多芬在创作的时候总是会做一些非常奇怪的举动。比如当他创作到高潮的时候,他总是把一盆又一盆的水泼到自己的头上,让自己保持清醒状态。在里区诺斯基王子家里居住的时候,贝多芬还有所克制,自从搬出来之后,他就无所顾忌了。

沉浸在创作中的贝多芬

虽然贝多芬搬离了里区诺斯基王子的家,来到一处偏僻的公寓居住,但这时候他已经在欧洲拥有了很高的名声,所以仍然会有一些人慕名找到他的住所。这些人有的是单纯来拜访的,有的是来向他学习音乐的,还有的是来向他发出挑战的。对于这些人,贝多芬都不加区别,很好地接待。他在给一些贵族子弟上课的时候,丝毫不会因为他们的贵族身份而另眼相待,更不会对他们卑躬屈膝。当他发现有些学生在音乐上根本没有天赋的时候,他依然会表现得非常生气。他交朋友非常广泛,不管是音乐家,还是艺术家,亦或政府官员,都不会拒绝。

第七章 搬出亲王府

成长加油站

在待人接物的时候，我们一定要保持一种不卑不亢的态度，不管对方是怎样的身份，社会地位如何，我们都要以一种平等的心态来面对。在条件比我们好的同学面前，我们不要自卑；在条件比我们差的同学面前，我们也不要自负。这样，我们才能够受到同学的欢迎，得到老师的喜爱。

延伸思考

1. 贝多芬对待贵族和朋友的态度有什么区别？这体现了他怎样的品质？

2. 贝多芬为什么要从里区诺斯基王子的家里搬出来？

第八章　朋友对贝多芬的影响

贝多芬在得到较高的社会声望和社会地位以后，变得更加自负了，他在生活中不时就会表现出一种高傲的举止来炫耀自己非常伟大。

有一次，他给他在宫廷当秘书的朋友柴姆斯加尔写信说道："昨天我听到你啰里啰唆的话语，感到非常伤心。我感觉你已经被魔鬼占据了心灵，我不再相信你的修身之道了。力量就是人类最大的道德，而我正是这种力量。"由此可以看出贝多芬是多么骄傲自负。贝多芬很相信自己体内蕴含的力量，他曾说："即使在陌生人面前，我也不用像一般人那样保持虚假的谦虚的态度。"

还有一次，他对一个陌生人说："我希望有一个出版商可以和我建立起终身合作关系，让我没有经济困扰，这样我就可以安心地按照自己的意愿来创作了。"但是，他的这种想法很快就被一位老年人否定了。这位老年人握着贝多芬的手说："年轻人，你不必为你现在的处境感到苦恼，因为你不是歌德，也不是亨德尔，更不要妄想自己会成为他们中的一位。因为世界上再也不会出现像他们那样伟大的人物了。"贝多芬听了之后，脸上立刻现出了严肃的神情，并以

他特有的高傲神态沉默着。过了一会儿,里区诺斯基王子安慰他说:"我觉得,人们只能看到眼前,但是对于遥远的未来是无法做出准确预测的。"

可是,老人的话还是引起了贝多芬的反思,他说:"别人说我的坏话,不相信我,都是因为我没有成名,所以我现在也只能忍受,什么都不能说。"即使在反省的时候,他依然是这样骄傲。其实,从贝多芬的自负品格中也可以看出他单纯而真诚的直觉——伟大的音乐已经离自己不远了。在这种直觉的指引下,他终于获得了举世瞩目的成功。

贝多芬按照自己的意愿来随意搭配音符,调用音乐世界里的一切。可是,他对于现实生活中的一切,就显得有点力不从心了。在他看来,现实世界比音乐世界复杂得多。他无法很好地处理生活中的各种小事情、小麻烦,也没有足够的耐心,所以他总是装作很生气、很愤怒的样子,来抵制外界的一切。有钱的贵族总是鄙视从事艺术的人,他们觉得离开他们的支持,艺术人就无法继续生存下去;穷苦人则因为无法理解艺术所表达的思想和情感,所以他们也根本不把艺术当做一回事儿。在这样的情况下,只

在维也纳贝多芬广场的纪念碑

有善于经营的人，才能够受到欢迎。但是贝多芬非常看不起这种行为，他觉得对别人说好话是一种虚伪的行为，他根本不屑于巴结那些贵族们。所以，贝多芬经常会得到不公正的待遇。

渐渐地，贝多芬的怀疑心越来越重，他不再轻易相信任何人。但是，那些喜欢借助名人来彰显自己的人，却总是来干扰他。他为了阻止他们来骚扰自己，就只好用比较粗鲁的言行和态度来对付他们了。他还没有学会使用"小礼貌"来阻止别人过度的亲近，更没有掌握用缓和的语调和言辞来取悦别人的方法。

幸好，贝多芬身边还有一些真挚的朋友。他们给予贝多芬很多真诚的帮助和安慰，让贝多芬在他们的呵护中得到短暂的休息。而他的朋友们也成为他的倾诉对象。

贝多芬由于童年时期苦难的经历，性情变得非常乖僻，心中常常充满了仇恨。当这些仇恨涌上来的时候，就会像汹涌的潮水一般将他淹没，使他失去自我控制能力。他经常紧皱眉头，这说明他内心正充满着巨大的痛苦，同时也是对侵犯者的一种挑战。他下垂的嘴角很少会流露出笑容，虽然有时会突然地发出一阵狂笑。而且，只有在他的内心被音乐所触动的时候，他才会发出这种狂笑。极端的情绪转换已经成为贝多芬身上的一个显著特点了。但是熟悉他的朋友都很清楚，贝多芬奇怪而丑陋的外表下，仍然隐藏着一颗敏感而丰富的心灵。在这些朋友面前，贝多芬毫不掩饰，将最真实的自己展露出来。而这正是他对艺术忠诚、拥有宽阔的胸怀表现。凡是能够看到贝多芬这些优点的人，都会理解他、尊重并热爱他。当贝多芬对

朋友说出严厉责备的话语的时候,他们也都明白,用不了多长时间,贝多芬肯定会为自己的无礼表现而后悔不已。这一点,从下面几封信中就可以看出来。

一天,17岁的钢琴家赫梅尔同时收到了贝多芬的两封信。在第一封信中,贝多芬写道:

"你以后不要再到我这里来了。在我眼中,你无异于一只叛逆的狗,希望有人能够将你赶快处理掉。"

但第二封信的内容与第一封截然相反:

"赫梅尔,你是我最真挚的朋友,现在我知道你是对的,请你今天下午一定要来找我。我和休本柴会在家里等你,我们会给你带来愉快和光明。吻你,你的朋友贝多芬。"

贝多芬给朋友韦格勒写的信中说:

我最最亲爱的朋友,你在我面前所绽放出来的光芒是多么让人讨厌啊!我很清楚,我没有很好地维护我们之间的友谊,因为你看起来总是那样高贵、那样完美。当我第一次和你比较的时候,我就感觉自惭形秽!啊,我竟然让我的好朋友生了一个星期的气。你应该知道这让我感到多么失落。但是,我还是要感谢上帝,因为我不是故意做出伤害你的事情的。我之所以会冒犯到你,是因为我缺乏必要的判断力,无法看出事情真实的一面。啊,我的朋友,我在你面前真的是自愧不如!在这里,我请求你原谅我,让我们忘记之前发生的事情,恢复我们的友谊吧。啊,韦格勒,我最信赖的朋友,你从小就已经认识我了,对于我的一切你都了如指掌。请允许我为自己辩解一下吧，我本质上是善良的，而且我也努力想要做一个正直、忠诚的人，而这或许正是你爱我的原因。在短时间内，一个人的本质是不会发生改变的，我依然是你喜爱的好朋友。所以，韦格勒，我最好的朋友，请你再给我还有你自己一次机会，原谅我，并再次信任我。我向你保证，我们之间纯洁的友谊将会永远持续下去，外界的任何因素都不会将它毁掉。啊，韦格勒，请你不要拒绝我和好的请求。啊，上帝！我将重新和你拥抱，请接受我这个朋友，我会永远记得并感恩你的包容！

——贝多芬

从这封信中可以看出，韦格勒对于贝多芬的影响有多大。可以说，没有一个人能够像他一样被贝多芬重视，就连卡尔·阿蒙达都比不上。1798年，年仅26岁的阿蒙达来到了维也纳。当时他刚从神学院毕业，是一位非常出色的小提琴手，非常喜欢音乐。他很想和贝多芬成为朋友，总是找机会接近贝多芬，但是他又是一个非常害羞的人，所以总是不能明确地表达自己的心意。但有一点他很清楚，那就是通过音乐一定能够让贝多芬认识自己。于是，只要有人邀请他去参加音乐会，他总是会立即答应。

一次，阿蒙达受邀参加一个朋友举办的四重奏音乐会，他在音乐会上要担任小提琴手。当他演奏完第一篇曲谱，正想要腾出手去翻曲谱的时候，一个陌生人走到他身旁，替他将乐谱翻了过来。这让阿蒙达感到很惊讶，因为一般很少有人会主动替乐手翻乐谱的。等阿蒙达抬头看那人的时候，才发现原来是贝多芬。演奏结束后，朋友问阿蒙达："你演奏的是什么曲子

啊？竟然能够得到贝多芬的青睐！他跟我说，你的演奏让他感觉很高兴！"阿蒙达听到朋友这样说，别提多高兴了。

音乐会结束之后，阿蒙达请求贝多芬能和自己共奏一曲，贝多芬答应了。几小时后，阿蒙达心满意足地向贝多芬告辞，贝多芬一直将他护送到家里。到阿蒙达的家后，他们两人又弹奏起了乐曲。过了很久，贝多芬才起身回家。刚走到门口，贝多芬转过身，对阿蒙达说："你想和我一起到我的住处去坐坐吗？"阿蒙达答应了。两人就一直在贝多芬的住处待到太阳落山……

他俩经常就这样聚会，以至于他们的朋友看到他们其中一人在街上走，就会过来问："你怎么一个人在街上走啊，另一个人呢？"可以说，卡尔·阿蒙达是贝多芬为数不多的真挚朋友中的一个。但他们相处的时间并不长，只有一年的时间。后来，卡尔·阿蒙达离开了维也纳，回到他的故乡考尔兰特去了。

贝多芬的朋友们给了他很多的宽容和鼓励，同时也让他学习到了很多音乐知识，比如魏什尔·克伦福

贝多芬书信

尔兹就教给贝多芬很多小提琴知识。此外，音乐家法拉特罗斯基、约翰·威尔士·斯特舒、卡尔·史高尔也都教过贝多芬。从朋友那里，贝多芬学习到了簧箫、笛子等乐器的演奏

交响乐之王贝多芬

技巧与和声应用，还有乐谱的书写方法。而这使得贝多分之前学习的音乐知识变得系统起来。

> **成长加油站**
>
> 朋友是我们成长道路上最好的伙伴。当我们遇到困难的时候，我们可以从朋友那里获得帮助；当我们收获成功的时候，我们可以与朋友一起分享喜悦；当我们心情低落的时候，我们可以从朋友那里得到安慰……所以，我们在生活中一定要多交朋友，交好朋友，与朋友保持良好的关系，真诚对待每一位朋友。

延伸思考

1. 朋友对贝多芬产生了什么影响？

2. 贝多芬与朋友是如何相处的？

第九章　爱情的狂热追求者

贝多芬对于"爱"的渴求是非常强烈的，他在刚到维也纳的第一年中，并没有得到女性的崇拜，为此他感到非常难过。他的学生兰兹曾写道："贝多芬总是希望有女性崇拜自己。有一次，我和他谈到了如何让一个女性爱上自己的话题，他当时表示可以与那位女性建立起长久的关系，但其实他们只维持了7个月就分手了。"

对于贝多芬来说，没有一个漂亮的女孩子愿意对他付出爱，这远比没有人愿意听他的演奏更可怕。他经常使用缓和的慢板来抒发自己内心的情感。和他的愿望相比，他的感情显得更加清楚。贝多芬不是一个好老师，因为他对他的学生常常漠不关心，也不喜欢别人来扰乱他的音乐思绪，更让他厌恶的事情是，亲自去纠正学生僵硬的手指以及回答他们极其简单的问题。但是，贝多芬是一位爱情的狂热者。

贝多芬曾将自己的作品《降E大调奏鸣曲》（作品第7号）和《C大调钢琴协奏曲》（作品第15号）赠送给一个匈牙利公爵夫人。这位公爵夫人名叫伯蓓拉·凯格丽维克丝，

交响乐之王贝多芬

长得非常漂亮。

还有一个叫吉丽达·瓜茜阿蒂的女子。她的祖先在维也纳留下了一处别墅。在1800年,年仅16岁的吉丽达·瓜茜阿蒂第一次从里阿斯德来到维也纳。没过多久,她就在堂兄冯·勃朗斯维克的介绍下和贝多芬认识了。在贝多芬看来,吉丽达·瓜茜阿蒂只是一个温柔的女孩子。虽然她是第一个引起他注意的女性,但贝多芬这时并没有对她产生爱情。

奥地利皇帝总共有6个子女,分别是贝比、泰茜、茜丽莎、约瑟芬、弗朗兹、卡洛林。他们都继承了父皇爱好音乐、诗歌和文学的基因。但是,在他们还很小的时候,他们的父皇就去世了。1799年5月,他们的母后将他们都送到维也纳的一家大旅馆去居住。他们来到维也纳不久,就凭借着出色的音乐才能得到了维也纳人的尊重。他们在维也纳听说了很多关于贝多芬的故事,都希望能够亲眼看一看贝多芬。但是贝多芬不是那种召之即来的人。于是,公爵夫人就想了一个办法,她让贝比、泰茜、茜丽莎三姐妹举办一个音乐会。在这个音乐会上,三姐妹分别选了一首贝多芬的曲子,一边演奏,一边走进了音乐厅。他们的演奏在伟大的音乐家听来简直像刚开始学习音乐的小孩子演奏的一样,但是贝多芬却站在那里,认真地听完了。而且,他还主动指导她们姐妹练习弹奏钢琴。

其实,贝多芬接到邀请函的时候,就已经猜到了这场音乐会的目的,但他还是来参加了。这其实一点也不奇怪,因为在贝

第九章　爱情的狂热追求者

多芬看来，能够与几位年轻美丽的匈牙利小姐交往是一件令人高兴的事情。音乐会结束后，贝多芬答应她们，每天他都会到他们居住的旅馆来看望他们。而他也真的这样做了。贝多芬经常在茜丽莎兄妹居住的旅馆里一待就是四五个小时，有时候甚至待一整天。

可是，茜丽莎兄妹待在维也纳的时间太短了，而且他们还要经常参加各种各样的社交活动，像舞会、晚宴、音乐会、郊游等，所以他们很少待在家里等贝多芬过来给他们上课。当他们出门后，贝多芬就只能一个人待在旅馆里，连个说话的人都没有。对此，贝多芬非常不满意，他愤怒地将乐谱撕成了碎片，扔到地上，气冲冲地离开了。

泰茜心思比较细腻，她很快就发现了贝多芬的不快，于是以后她就不再外出，待在家里听贝多芬给自己上音乐课。但是，贝多芬待在旅馆的时间太长了，而且弄出来的动静太大了，因此惹怒了其他住客。贝多芬为此感到非常难过。

除了泰茜姐妹非常崇拜贝多芬外，她们的弟弟弗朗兹对贝多芬也非常尊敬。贝多芬也非常喜欢和他们待在一起，享受着他们姐弟对他的崇拜与关爱。慢慢地，他们之间的关系越来越亲密。一年后，他们一齐跨进了爱情的圈子。

这样充满自由进步思想的家庭，对于喜欢自由随性的贝多芬来说自然有着非常巨大的吸引力。但是，他们一家在维也纳待的时间并不长。由于思念家乡，他们又回到了匈牙

利。他们想邀请贝多芬和他们一起回去,贝多芬也很不愿意和他们分离。但是他想到自己的音乐事业,就回绝了,继续留在维也纳。为了表达自己的不舍和留恋,贝多芬为茜丽莎姐妹创作了一首钢琴变奏曲,叫作《想念你》。

在和茜丽莎一家分别以后,贝多芬也的确经常会想起这三位美丽的匈牙利女孩。所以,只要有机会,他就会想办法到匈牙利去拜访他们。就在一来二去的交往中,贝多芬和茜丽莎姐妹变得越来越亲密。很快,茜丽莎和贝比都爱上了贝多芬。但在1800年,她们的母亲着急把她们姐妹都嫁出去,所以当将近50岁的冯·但姆伯爵请求把贝比嫁给自己的时候,她们的母亲毫不犹豫地就答应了。贝比一点儿都不喜欢但姆伯爵,她真正喜欢的是贝多芬。但是,她也不能违背母亲的意愿。所以,贝比只能无可奈何地接受了这种现实。

到了年底的时候,吉丽达也加入了进来。吉丽达虽然还只有16岁,但她已经成为一个非常迷人且十分有教养的女孩了。于是,贝多芬又被吉丽达吸引了。虽然贝多芬知道茜丽莎姐妹也都很喜欢自己,但是她们都没有吉丽达漂亮迷人。于是,贝多芬主动向吉丽达表达了自己的爱意,但是吉丽达并不爱他,对他只有同情,至少贝多芬是这样认为的。在1801年11月贝多芬写给自己的好朋友韦格勒信中透露:"我的生命再次变得丰富多彩起来,我也感觉比以前更加快乐了,而这一切都是一个美丽、可爱的女孩子带给我的。我相

信，我们彼此深爱对方。"贝多芬想和吉丽达结婚，但是最后并没有实现。这段感情给贝多芬造成了很大的痛苦。罗曼罗兰曾在《贝多芬传》中写道：

"首先，这段感情让他意识到自己的耳疾给自己带来的艰难境况使他无法和自己喜欢的女孩子在一起；其次，吉丽达是幼稚的、自私的，这使贝多芬受了很多苦；1803年11月，吉丽达嫁给了加伦堡伯爵。"

在吉丽达结婚的那天晚上，贝多芬悲伤地感叹道："今天将是我人生中最悲伤、最可怕的时刻，但是我又不得不接受它。"但吉丽达的婚姻是不愉快的。到了1823年，贝多芬仍然没有忘记吉丽达，他在与朋友交谈的时候提到："吉丽达对我的爱是非常真挚的，甚至已经超越了对他丈夫的爱。"显然，吉丽达在结婚之后依然没有断绝和贝多芬的联系。

没过多久，吉丽达就和加伦堡伯爵离婚了。她找到贝多芬，向贝多芬哭诉自己的不幸，并请求贝多芬与她相爱，但是贝多芬拒绝了。

人们在贝多芬去世以后，发现了一块刻有吉丽达肖像的金牌，这也是贝多芬唯一保留的一幅女性画像。虽然，贝多芬曾经也在茜丽莎·冯·勃朗斯维克的油画上题字说："此致无比的天才——伟大的艺术家——上帝的女儿——茜丽莎·冯·勃朗斯维克。"但是，在贝多芬心中，只有吉丽达才是他真正爱的人，是他真正忘不掉的人。

交响乐之王贝多芬

贝多芬的爱情道路总是充满了艰难和苦涩，这是因为他身为一个贫寒的艺术家，却总是爱上社会地位比他高的女性。

在爱情接连失利的很长一段时间里，贝多芬感到非常痛苦。他想用工作来缓解内心的悲伤，于是就整天待在屋子里进行音乐创作。但是，结果并不像他想象的那样，他内心的悲伤似乎更重了。在无聊的日子里，贝多芬就阅读歌德的小说《少年维特的烦恼》，他对书中的故事产生了强烈的共鸣。他觉得自己和小说中的主人翁维特非常相似，自己似乎除了像维特那样通过自杀来结束生命外，已经别无选择了。

接连好几天，贝多芬都被这种可怕的想法纠缠着。一天下午，天气阴沉，贝多芬的父亲又喝得醉醺醺的回来了。本来就烦躁不已的贝多芬看到耍酒疯的父亲后，觉得自己快承受不住生命的重压了，于是就独自来到莱茵河边，想要结束自己的生命。

就在这时，天空突然电闪雷鸣，狂风大作，瓢泼大雨从天而降。贝多芬任由狂风暴雨打在身上。突然，他浑身打了一个机灵。大自然的力量似乎让他明白了什么，他突然仰头大喊道："我来到人世间难道就是为了追求爱情吗？难道除了爱情，我就没有别的追求了吗？"

"有的，除了爱情，你还有音乐，那才是你应该为之奋斗一生的目标。"

贝多芬不再迷茫，他又重新燃起了生存的希望。他决定不再为了爱情而苦恼，他要把有限的生命都用到音乐创作中

去，创造出更伟大的作品。

> **成长加油站**
>
> 人生的追求是丰富多样的，我们不能因为没有得到某一样东西而觉得人生丧失了意义。学会放弃不属于自己的东西，将精力放在追求更有意义的事物上面，我们会收获意想不到的惊喜，我们的人生价值才能够得到体现。

延伸思考

1. 从贝多芬的爱情经历中，可以看出他是一个怎样的人？

2. 爱情失利对贝多芬造成了怎样的影响？

第十章　命运的重击——失聪

贝多芬在到达维也纳的头十年，在音乐上的创作还处于摸索阶段。在这个时期，他创作的比较著名的作品有《悲怆奏鸣曲》（作品第13号），也叫作《C小调第八钢琴奏鸣曲》，在1799年出版；《月光奏鸣曲》（作品第27号），也叫作《升C小调第十四钢琴奏鸣曲》；《克鲁采尔奏鸣曲》（作品第47号），也叫作《A大调第九小提琴奏鸣曲》；以及《C小调钢琴曲协奏曲》（作品第37号）等。

在这十年中，贝多芬对于社会和政治也都有了更加深入的了解，并且努力在身处的环境中寻找着奋斗的目标。1801年，贝多芬已经31岁了。在努力的过程中，贝多芬也正发生着新的转变，他对于音乐力量的控制更加轻松且有弹性。美好的未来似乎正在前方等待着他，但是，迎接他的是连续的攻击和中伤。而更让他难受的是他的耳朵失聪了。

其实早在1799年，他二十八九岁的时候，就已经出现了轻微的失聪征兆。

一个冬天的早晨，他很早就起床了。吃完早餐后，他打算到外面去散步。可是，他刚走到门口，就听到一阵嗡嗡的

第十章 命运的重击——失聪

声音,他警觉地向门外望去,并没有看到什么可疑的东西。这究竟是怎么一回事呢?他慌乱地跑出门,想找到声音的来源,但最后什么都没有找到。他被那嗡嗡声折磨得痛苦极了。他双手捂住自己的耳朵,以为这样就可以听不到声音了,但嗡嗡声仍然不停地响起。

"这是为什么?难道是我的耳朵出了问题?"惊慌的贝多芬内心不停地问自己。他已经忘记自己要去散步的打算了。他急切地冲到房间里,坐在钢琴前面,弹奏起自己刚写了一半的《C大调钢琴奏鸣曲》,可是,他听不清声音。他努力让自己平静下来,可是还是听不到。贝多芬以为自己太过劳累了,只要好好休息一段时间,自己的耳朵就会和以前一样灵敏了。可是,过了一段时间后,他依然听不到外界的声音,嗡嗡声也依然在他耳朵内不停地响起。贝多芬开始害怕了,他赶紧找到弗兰克医生,请求他一定要医治好自己的耳朵。

弗兰克医生看着惊慌的贝多芬,安慰道:"先生,不要惊慌,可能是感冒引起的暂时性失聪。我建议您每天往耳朵里滴一些杏仁油,很快,您的耳朵就会好起来的。我再给您开一些补药,您吃一段时间后,身体素质提高了,也有利于您耳朵的康复。"

贝多芬听了弗兰克医生的话,内心变得平静了许多。回到家后,贝多芬按照弗兰克医生的话,坚持每天吃补药,往耳朵里滴杏仁油。过了几天后,贝多芬感觉耳朵似乎好了一些,耳鸣减轻了,他也能隐约听到窗外的鸟叫了。贝多芬以

为用不了多久,他就能够完全康复了,所以他一扫之前的忧虑,又重新变得快乐起来。但是,没过多久,他的耳鸣又加重了。贝多芬为此感到非常苦恼。

他的耳朵时好时坏。有时候,他能够听到别人说话的声音,但也只是模模糊糊地听到,听不清说话的内容;有时候,他完全听不到外界的声音,即使有人在他跟前大声跟他说话,他也听不到。为此,贝多芬经常发脾气。

奇怪的是,贝多芬的朋友们却没有发现他有什么异样。他们在与贝多芬交谈的时候,虽然发现他总是走神,一副心不在焉的样子,但是他们以为那是因为贝多芬对他们的谈话内容不感兴趣。他们完全没有想到贝多芬的听力出了问题。而贝多芬为了不给朋友们造成困扰,总是一个人忍受着。可是,他的听力变得越来越差了。又过了一段时间后,他几乎已经听不到外界的任何声音了。

作为一个音乐家,耳朵失聪是一件多么可怕的事情。贝多芬在爱情失利的时候,又遇到这样的打击,可以想象他有多么的痛苦。可是,他没有被一连串的不幸击倒,他在音乐中寻找着慰藉,继续进行着音乐创作。这时,贝多芬也开始阅读大量的书籍。他阅读了大量古希腊罗马统帅和政治家们的传记,了解到这些统帅和政治家们为了给百姓争取利益而做出的巨大贡献,以及他们因此得到了人们的尊敬,获得了贵族称号的故事。贝多芬读了他们的故事深受启发,他以这些人为榜样,也不断提升着自己的情操和美德。于是,贝多芬又重新振作起来,开始和命运进行

第十章 命运的重击——失聪

抗争。

贝多芬又沉浸到音乐当中去了。他凭借着顽强的意志和巨大的勇气,没日没夜地工作着,仅用三天三夜的时间就写好了歌剧《雷欧诺瑞》的主题曲。在完成之后,贝多芬试着弹奏了几次,虽然他听不到,但他对于音乐的感知和领悟能力还在,而且非常出色,他认为这支曲子非常不错。贝多芬为自己又创作出一支杰作而感到欣喜不已。在这份巨大的喜悦中,贝多芬仿佛忘记了自己已经失聪,也能够听见自己的乐曲了。他让仆人把这支乐谱给维也纳乐队的总指挥翁洛夫送去。翁洛夫看了曲谱之后,被贝多芬的才华深深折服了。他很快就来到贝多芬的住所,想让贝多芬亲自来指挥乐队演奏这支曲子。贝多芬根本没有想自己已经失聪的事情,立即就答应了翁洛夫。翁洛夫非常高兴,因为他已经预想到在演奏当天,剧场内肯定座无虚席。

到了歌剧《雷欧诺瑞》预演当天,贝多芬坐着马车早早地来到了剧院。一到剧院门口,他就跳下马车,急切地走进了剧院。当他拿着指挥棒站到指挥台上的时候,台下的观众瞬间发出了响亮的惊呼声。人们完全没有意料到,伟大的音乐家贝多芬会亲自指挥乐队演奏。

贝多芬头像

歌剧开始了，贝多芬熟练地挥舞着指挥棒，指挥乐队配合着演奏。开始的时候，一切似乎都很顺利，贝多芬紧张的内心也稍微放松了。可是，在演到第一幕二重唱的时候，贝多芬突然脑袋一片空白，什么都听不到了。惊慌的贝多芬拿着指挥棒迟疑地挥舞着，节奏也越来越乱。乐队看到贝多芬的指挥这样混乱，都很生气，但是乐队有一个铁定的规矩，那就是所有乐手都必须要听从乐队指挥的指挥。所以，乐队也只能跟着贝多芬的指挥演奏。

离弦、走调，整支曲子混乱不堪，毫无美感。结果，台上的歌剧演员找不到调，只能自顾自地演唱；台下的观众对贝多芬的糟糕指挥感到失望，不停地抱怨着。整个剧院内陷入一片混乱之中。可是，贝多芬什么都听不到，他仍然在挥舞着指挥棒。很快，他就从乐手的脸上看出了异样。他转头看了一下台下，发现观众已经走了一大半，剩下的观众都在愤怒地指着他说着什么。贝多芬震惊了，他不知道发生了什么，只感觉一阵眩晕向自己袭来，然后他就失去了知觉，倒在了指挥台上。

《雷欧诺瑞》歌剧的指挥失败对于贝多芬而言是一个非常沉重的打击。他自从降生到这个世界上后，已经经受了太多的磨难和困苦——小时候被父亲严厉地教训；他最亲爱的祖父去世；疼爱他母亲也离开了他；他正处于创作高峰的时候耳朵突然失聪；心爱的人也离自己而去……但是所有这些打击都没有这一次严重。

贝多芬又来到了弗兰克医生的诊所。弗兰克医生告诉他，

虽然药物可以缓解他的病情,但是不能让他完全恢复听力。贝多芬不相信自己的耳朵已经完全没治了,于是他又换了一个医生。这位医生叫舒密特,他告诉贝多芬,他需要到一个安静的地方生活一段时间,这样对他恢复听力有好处。

贝多芬听从舒密特医生的建议,来到了维也纳附近的海利根斯塔特村。海利根斯塔特村其实是多瑙河边上的一个偏僻的小村庄,这里分布着大量的硫磺温泉。乘马车从维也纳到这里,只需要一个小时。

陪同贝多芬一起来的还有他的学生费迪南德·里斯。他是费朗兹·里斯的儿子。由于费朗兹·里斯曾在贝多芬最困难的时候向他伸出了援手,所以贝多芬对于费朗兹·里斯一直都非常感激。在教育他的儿子费迪南德·里斯的时候,也就更加用心。费迪南德·里斯曾经回忆说,贝多芬上课的时候,对他要比一般学生更加有耐心,更加认真。

"也正因为如此,只要我弹奏出现错误,他就会过来指导我,直到我弹奏正确为止。记得有一次,我在弹奏他的作品《变奏曲》的最后的"柔板"的时候,总是弹不好。他就一直站在我身边指导我,直到我将那段柔板完美弹奏出来。我估计我当时应该重复弹奏了不下17次……"

贝多芬失聪后,由于脾气变得越来越暴躁,所以人们都不敢靠近他,但费迪南德·里斯依然守在他的身边。

在海利根斯塔特村,贝多芬居住的是一间非常干净宽敞的房子。从窗户望出去,可以看到一望无际的田野,以及远处风光绮

交响乐之王贝多芬

丽的多瑙河和险峻的喀尔巴阡山。在这宁静优美的环境中,贝多芬内心的痛苦减轻了许多。他每天早晨早早起床,然后和里斯一起到多瑙河边去散步。走在路上,呼吸着新鲜的空气,看着茂密翠绿的树木,贝多芬感到前所未有的宁静和喜悦。到了傍晚,他们又去欣赏日落,感叹大自然的神奇魅力。

闲适的生活使贝多芬对人生有了更深的理解和认识。但是,失聪始终困扰着他,让他刚刚被抚平的心绪又变得烦乱不已。慢慢地,他也丧失了欣赏美景的心情,又变得忧郁起来。

成长加油站

贝多芬虽然耳朵失聪了,但依然坚持进行音乐创作和演奏,由此可以看出他坚毅、不服输的性格特点。在成长过程中,我们总会遇到各种各样的磨难与挫折。每当这时,我们不要害怕,相信凭借着自己的坚持和努力,一定能够克服困难,穿过黑暗,迎来光明。

延伸思考

1. 失聪后,贝多芬是如何表现的?

2. 失聪给贝多芬造成了怎样的影响?

第十一章　扼住命运的咽喉

贝多芬在失聪的折磨下，经常乱发脾气，这使得他的朋友都不愿再亲近他。为了排遣孤独，他经常给朋友们写信。1801年6月，他在给一个非常好的朋友的信中写道："我很不开心，我要咒骂上天，因为他将那么多的不幸降临到了我的身上。"在信中，他还向朋友倾诉了自己对于恢复听力的渴望，并说自己绝对不会放弃音乐。可是直到这时，他仍然不愿告诉朋友他失聪的真相。

转眼秋天到了。秋风阵阵吹来，金黄的树叶不断地从树枝上飘落到地上，连绵不断的细雨下个不停。这样的环境总是会营造出一种悲伤的氛围，让身处其中的人不自觉地感伤起来。一天，贝多芬又想起了自己不顺遂的爱情经历，然后就变得怨恨起来。他不知道用什么方法才能消解这些痛苦，总觉得这个世界是如此的冷漠，甚至连一个关心他、爱护他、愿意成为他妻子的女孩子都找不到。他被困在这样的思绪中出不来，因此他越来越怨恨命运对他的不公和残暴。

1802年，贝多芬感觉自己的生命就快要结束了，于是他给自己的弟弟卡尔和约翰写了一封遗书。写完遗书后，贝多

芬似乎得到了解脱。于是，他又回到了维也纳，重新开始向学生讲授音乐课，接受朋友的邀请，参加各种聚会。贝多芬好像迈过了人生中的一个大坎儿，整个人都焕发出一种全新的生命力量。在他身上，已经完全看不到痛苦和忧郁。他已经将外在的打击变成了自身体内强大的力量，并通过音乐表现出来。贝多芬对自己的变化感到非常高兴，他内心生发出一种强烈的使命感——去获取人类精神中最崇高的东西，征服命运！

从1802到1812年这十年，可以说是贝多芬的"英雄年代"，他在音乐创作上变得越来越成熟了。1802年，贝多芬开始以"英雄"作为主题创作交响曲。贝多芬在创作的时候，仿佛是在为自己作传一样，而这种英雄主义也的确是贝多芬身上独有的坚毅的精神品质的外在表现。

1804年，贝多芬完成了这支《英雄交响曲》，并打算献给他的偶像拿破仑。但是过了一个星期后，贝多芬发现曲谱的扉页上，有人在他写的"波拿巴"三个字的后面加上了"皇帝"二字，他非常生气，立刻将扉页撕得粉碎，并大喊道："他和一般老百姓有什么不同，现在竟然要践踏人的权利！"而此时，拿破仑要称帝的事情已经在世界各地传遍了。

8月12日，贝多芬把《英雄交响曲》的总谱交给了白兰特托夫和哈代尔。10月，《英雄交响曲》正式发行，题目为"《英雄交响曲》——为纪念一位伟大的人物而作"。

这支曲子总共有四个乐章。第一乐章从各个侧面刻画了

英雄的性格，并表现了人类为争取幸福而美好的生活所进行的努力；第二乐章也被人们称为《葬礼进行曲》，是一支悲壮的挽歌，表现了民众对烈士的无限尊敬与怀念之情；第三乐章则与前面的乐章形成了鲜明的对比，它是一首欢快的戏剧性乐曲，表现了民众跟随英雄坚持奋斗的情形；第四乐章表现了民众庆祝胜利的场面。

英雄交响曲第一乐章

1805年4月，在维也纳的皇家剧院内，《英雄交响曲》要进行第一次正式公演了。贝多芬亲自担任这次公演的总指挥。演奏开始了，台下的观众立即就被乐曲表现出来的激昂的拼搏状态，以及对命运的反抗深深地吸引了。但是演奏结束之后，人们对乐曲的看法出现了很大的差异。有的人认为《英雄交响曲》是一支非常伟大的曲子，他们称贝多芬是"伟大的天才"。但也有的人认为贝多芬的音乐作品没有莫扎特的好，还有一些人认为《英雄交响曲》"古怪""愚蠢"。有的皇室贵族在听完后甚至恶狠狠地说："以后再也不要演奏这支曲子了，如果可以，我愿意多给剧院一个铜板。"

虽然很少有人能够揣摩清楚这支曲子中包含的真正内涵，但是，《英雄交响曲》还是在维也纳甚至整个欧洲乐坛引起了巨大的反响。

《英雄交响曲》第一次公开演出后，观众的反应非常不理想，具体来说可以分为三种。第一类人认为，《英雄交响曲》除了生疏而奇异的演奏外，很少有"艺术上的价值"，它之所以能够吸引人，是因为它用一种"奇怪的音调和剧烈的转变"达到了一种"超常而幻想的结果"；第二类人则觉得这支曲子非常优美，但是无法长久存留，并且对贝多芬放弃使用C大调、D大调交响曲以及降E大调七重奏而感到惋惜；第三类人坚定地支持贝多芬，他们认为："这首交响曲是大师之作，也是真正的古典音乐，人们之所以不喜欢，是因为他们缺乏相应的音乐素养，欣赏不了这样高水平的音乐作品，等若干年后，它的价值会被人们认识到的。"

随着时间的推移，《英雄交响曲》的价值的确彰显出来了。现在音乐界一致认为，《英雄交响曲》是贝多芬创作的第一部真正具有精神内涵的作品，也是贝多芬实现自我突破，对音乐创作形式的大胆尝试，其在音乐和思想上都极其丰富而深刻。它让人感受到巨大的热情，并在这种热情中看到人类对命运的顽强的反击。可以说，《英雄交响曲》开创了一个全新的时代，并成为人类世世代代传诵的音乐经典作品。

贝多芬创作《英雄交响曲》期间花费了大量的精力，但他仍然创作出了很多不同的小作品。由于他整个身心都投入

音乐创作中来了,所以根本没有时间来打理自己的房间。他的日常生活变得非常不规律,屋子里总是乱糟糟的。

1804年夏天的一天,兰兹到贝多芬的寓所去听课,当时贝多芬正想出去散步,于是就邀请他一起去。贝多芬和兰兹一直走到很远的地方,到晚上八点钟才回家。在回去的路上,贝多芬一直不停地发出意义不明的声音,声音忽高忽低的,像是在呜咽,但细听又好像不是。兰兹好奇地问他:"老师,你在说什么?"贝多芬告诉他:"我在创作一首奏鸣曲,现在正在构想最后一个乐章的主题。"回到家后,贝多芬来不及脱掉外套、摘下帽子,立刻跑到钢琴前,趴在那里快速写起来。而兰兹只好一个人坐在椅子上,静静等待他的老师写完。过了一个小时之后,贝多芬终于完成了那首奏鸣曲的最后一个乐章。贝多芬看了看曲谱,满意地从椅子上站了起来。他看到兰兹突然愣住了,好像刚刚看到这个人一样。过了一会儿,他才想起来,于是遗憾地对他的学生说:"很抱歉,今天的课上不成了,我还有很多事情要做。"

贝多芬创作的曲子就是《热情奏鸣曲》。后来,贝多芬又写下了《华尔特斯坦奏鸣曲》。这两首曲子都取得了巨大的成功。到这时,贝多芬的音乐创作已经超越了当时钢琴演奏的主流风格。因为,当时的钢琴都只能弹奏轻快华丽的乐曲。这首《热情奏鸣曲》所包含的力量太强大了,所以当时贝多芬没有打算公开演奏,直到贝多芬去世12年后,它才被世人认识。

成长加油站

灾难只会摧毁弱者，但却让强者变得更强。贝多芬面对爱情失利、耳朵失聪等多重打击，没有颓废沉沦，而是勇敢面对，与命运进行顽强的抗争，最后终于战胜命运，取得了巨大的成就。我们在生活和学习中遇到困难和挫折的时候，一定不要畏惧胆怯，要勇敢去面对，在困难中依然坚持不懈地努力，最后我们肯定会收获出人意料的成功的。

延伸思考

1. 贝多芬失聪后，放弃对音乐的追求了吗？
2. 《英雄交响曲》传达了贝多芬怎样的精神状态？

名人名言

凡领悟音乐的，便能从一切烦恼中超脱出来。

——贝多芬

我未曾想过写谱是为了名誉与荣耀。我一定要把内心深处的东西释放出来；这就是我作曲的原因。

——贝多芬

第十二章 《费德里奥》：歌剧创作的尝试

贝多芬在很多音乐种类上都获得了巨大的成功，但从来没有涉及过歌剧。所以，他一直想要尝试着创作歌剧。到1804年，他终于得到了一个机会。

在维也纳，歌剧演出越来越受到人们的欢迎。于是，葡萄剧院的舒卡尼达和班格剧院的勃朗男爵觉得创作和演出歌剧的时代已经到来了。他们想要创作一个歌剧剧本，但找谁来创作呢？他们想到了曾为芭蕾舞《普罗米修斯》谱曲的贝多芬。一天，舒卡尼达找到贝多芬，对他说："我想创作一个歌剧，如果你愿意，我希望你能够尝试一下。"贝多芬听到舒卡尼达的请托后，非常高兴，立刻就答应了。

贝多芬搬到了歌剧院居住。在这里，他开始了艰苦的奋斗。他想凭借自己丰富的想象和对乐器特征的精准把握来击败对手。很快，他就创作出了一个高水平的歌剧剧本，并且熟悉了舞台情况。可是，他遇到了一个难题，如何才能够保证演唱成功呢？他思来想去，最后只好将他非常重视的管弦乐队调整为陪奏，而且要采取18世纪的演唱方式，并保证动作逼真、具有良好的戏剧化效果。要照顾到所有这些方面，

那么这个人非得有丰富的歌剧知识和经验不可。但是贝多芬在这方面似乎缺乏天赋，他不能像莫扎特一样，能将一个平淡无奇的故事变成一个不朽的音乐。于是，贝多芬就只好努力，一步一步地缓慢地向着他的目标靠近。

贝多芬创作的第一个歌剧剧本，讲述的是一个反对暴君、争取自由的故事。这个剧本十分畅销，共有三个版本。后来，贝多芬请松立斯纳翻译了这部剧，并重新命名为《费德里奥》，以便与其他版本区别开来。

1805年夏天，贝多芬回到海真道夫，并在那里完成了最后一幕的创作，然后又回到维也纳。他将剧本交给了萨伯斯金·米尔。

这部歌剧是贝多芬在法国剧作家的剧本《伉俪情深》的基础之上创作完成的。剧本描写了一个聪明、漂亮且非常勇敢的妻子帮助自己被冤入狱的丈夫洗刷冤屈、重获自由的故事。为了创作这个剧本，贝多芬倾注了大量的心血。不仅如此，在歌剧进行排练的时候，贝多芬也都亲自参与，严格把控着每一个流程。

很快，演出就要开始了。可是这时，拿破仑却攻下了维也纳。人们因为战争而惊慌不已，根本没有闲情逸致去坐下来静静欣赏一台歌剧。所以，《费德里奥》演出当天，连一个观众都没有。贝多芬的创作热情受到了很大的打击，他感

第五交响曲

到非常苦闷。

1805年11月20日,《费德里奥》首次在法国军官面前演出。可是,法国军官们只想欣赏轻松愉悦的音乐,并不愿意看这种悲伤的歌剧,所以这次演出也没有获得成功。

到了12月份,勃朗男爵想要再演一次《费德里奥》,通过这次演出把之前亏掉的本钱全部赚回来。但在正式上演之前,他要对剧本进行修改,将第一幕删掉。勃朗男爵在里区诺斯基家中安排了一个集会,让人们观看完表演后提出意见。贝多芬是多么骄傲的一个人,他从不让别人对他的作品指手画脚,但是这一次他却什么都没说,虚心接受别人的建议。

贝多芬和他的朋友们一直从上午7点钟忙到下午1点钟,根据人们提出的建议,删掉了其中的3段。司蒂芬·冯·勃朗宁缩减了剧中的台词,使表演的时候更加简练,而贝多芬对一些场景进行了调整。贝多芬看着修改过后的剧本,不知有多高兴。他和朋友们坐在一起吃饭,热情地招待着每一个人。

3月29日,调整之后的《费德里奥》进行了第二次演出。这一次似乎比之前要受欢迎一些,但依然没有达到理想的效果。在这次演出之后,这部歌剧就再也没有公开演出过。在《费德里奥》停演期间,社会上出现了一种流言,说这部歌剧的序曲触犯了人们的禁忌。勃朗宁认为这都是乐队不听指挥造成的。贝多芬听到之后,非常愤怒,因为管弦乐队是他非常重视的一个部分,而且是他坚持要留下管弦乐队并让其在歌剧中发挥重要作用的。

这年的夏季,《费德里奥》又重新上演。虽然,这时候前来

剧院观看的人已经比以前多多了，但贝多芬认为演出没有按照自己的意愿进行，他找到勃朗男爵，向他提出了强烈抗议。勃朗男爵反复向贝多芬进行了解释，但贝多芬再也无法相信他了。贝多芬冲着勃朗男爵大吼道："还我的剧本，现在，立刻，马上把我的剧本还给我，以后你都不许再演出《费德里奥》了！"勃朗男爵也很生气，他立刻命人将剧本归还给了贝多芬。

从此，贝多芬原本非常强烈的创作歌剧的雄心壮志渐渐消减了。他在心里告诉自己，他创作的剧本已经得到了外界的认可。贝多芬在一开始的时候，就已经熟练地掌握了创作歌剧的技巧，但是，他还不能熟练地驾驭自己的思想，不能从群众的角度创作出一部受欢迎的剧本。骄傲的贝多芬不承认这个事实，他告诉勃朗男爵，自己的剧本不是为了群众创作的。

贝多芬第六交响曲

过了六年之后，《费德里奥》终于被人们广泛地了解了。贝多芬为了让这部歌剧得到演出成功，前后花费了整整10年的时间。从1803年末他写成草稿，一直到1814年完成第二次修改。他创作乐曲的时候从来没有花费过如此长的时间。在他得了重病的时候，他把《费德里奥》剧本交给了辛德勒，上面写着："我所有的朋友，这个剧本让我付出了巨大的代价，也曾一度让我陷入忧郁的深渊，但这也恰好是我喜爱它的原因所在。"

第十二章 《费德里奥》：歌剧创作的尝试

成长加油站

贝多芬在歌剧方面缺乏天赋，但是他并没有放弃对于歌剧创作的追求。为了能够创作出一出好的歌剧，他勤奋努力、认真研究和学习，以弥补自己的不足，提升自己创作歌剧的能力。由此我们可以知道，要想在某件事情上取得成功，天赋固然重要，但后天的努力和学习更加重要。所以，我们一定要养成勤奋努力的学习习惯，坚信"勤能补拙"，刻苦努力学习。

延伸思考

1. 《费德里奥》歌剧在第一次公演的时候，为什么没有观众？

2. 《费德里奥》的创作过程体现出了贝多芬怎样的品质？

名人名言

智慧，勤劳和天才，高于显贵和富有。

——贝多芬

划分天才和勤勉之别的界线迄今尚未能确定——以后也没法确定。

——贝多芬

第十三章　生活与婚姻

由于《费德里奥》一开始的演出没有成功，贝多芬并没有什么收入。另外，因为身体不好，他演奏的次数也减少了，而且还要经常花钱来医治耳朵。所以，贝多芬的积蓄越来越少。在最窘迫的时候，据说贝多芬连一件像样的衬衫都没有，更别说什么像样的衣饰了。为了生存下去，贝多芬不得不找一个固定的工作。

于是，他找到管理维也纳皇家剧院的一个公爵，恳请道："我可以为剧院筹划大型歌剧，并且还能创作出几十首合唱或应景的小作品。"

公爵问："你对薪金有什么要求呢？"

贝多芬回答："我需要24个金币的固定薪金。歌剧的话，最好每三场结一次账……"

公爵对贝多芬提这么多要求感到很不满，他委婉地拒绝道："先生，您是一位音乐家，并不是一个专业的歌剧作曲家，你目前也只写了一部歌剧而已，但您提这么多要求，恐怕不合适吧？"公爵的意思其实已经很明显了：既然你现在有求于我，想在剧院找到一份固定的工作，就应该多说一些

讨好的话，这样才能够让人乐意帮你。但是，贝多芬是多么骄傲的一个人，让他去讨好巴结别人，想都不用想。结果，贝多芬没有得到剧院的工作。

就在贝多芬为找不到工作而发愁的时候，一个机会出现在了他面前。拿破仑的弟弟想要邀请他去法国担任宫廷乐长，每年的薪金为300英镑。他只需要指挥乐团在国王面前完成几次演出就可以了，剩余的时间里，他是完全自由的。

面对这个机会，贝多芬心动了。"这的确是一个很好的机会。如果我接受了这次要求，那么不仅我的经济问题可以得到解决，而且我还能有充足的时间进行音乐创作。"

但是接受了这份工作，贝多芬就要离开维也纳，到法国去。贝多芬对维也纳的感情是非常深厚的，因为他就是在这里实现了自己的音乐梦想，而且他的大部分朋友也都生活在这里。而对于法国，贝多芬其实是没有什么好感的，因为他反对拿破仑称帝。但是，如果不接受这个工作，他的生活就很难再维持下去了。想了又想，最后贝多芬决定接受邀请，搬到法国去生活。

贝多芬决定到法国去的消息很快就传开了。维也纳的贵族们听说后，十分震惊。一位亲王说："贝多芬是维也纳的骄傲，维也纳不能没有贝多芬，我们一定要将这位伟大的音乐家留下来。"他们纷纷劝说贝多芬。有的说："亲爱的贝多芬，维也纳人永远爱和尊重着你，你怎么舍得离开呢？"有的则恐吓他说："贝多芬，如果你离开维也纳，去了法

交响乐之王贝多芬

国,那么以后你再回维也纳,人们将会鄙视你的。"还有的人空口承诺说:"法国人给你的,我们也能给你,只要你留下来,你就不用为金钱的事情担心。"

由于受到种种阻挠,贝多芬最后也没有去成法国。而那些人向他承诺的金钱上的支持从来没有兑现过。于是,贝多芬只好找了一份工作,一边挣钱支付生活开支,一边进行音乐创作。即使是在这样困难的情况下,贝多芬依然创作出了很多优秀的音乐作品,给人类留下了很多音乐艺术上的财富。

1806年以后,贝多芬的生活条件变得越来越好。但是,贝多芬有钱以后,变得更加高傲,脾气也更坏了。他经常大骂身边的人,当他不高兴的时候,还会用力地拍打桌子。当然,他还是会经常和朋友们一起出去喝酒、聊天。他最常去的地方就是里区诺斯基、劳勃高维兹和雷苏莫斯基的家,但已经很少去音乐厅了。他每天都会穿得很整洁,而且越来越想要结婚了。他虽然很想结婚,但他认为一定要等到他的收入能够维持一个家庭的正常生活之后,他才会结婚。这是他对别人,也是对自己的保证。但是,他又害怕结婚。他

音乐家贝多芬铜像

经常想，如果自己失去了现在的收入，生活将会变成什么样？万一战争爆发或者突然发生了意料之外的事情，音乐从此变得不再被人们接受，那时他将会一无用处，谁还会喜欢这样的自己呢？贝多芬总是这样患得患失。

虽然贝多芬想结婚，也为了结婚做了一些准备，但他的婚姻能否像他想象的一样美满，真的是不好说，因为他的确不太适合结婚。生活中，他突然会谁都不告诉，就从家里出去，而且会出去很长时间，有时候午饭都不回来吃；回家后，他又会径直回到自己的房间里，把门关起来，拒绝和任何人说话；他前一刻还在维也纳到巴登的道上，下一秒或许就已经去匈牙利了。

1810年，贝多芬的生活已经逐渐安定下来，变得有规律了。他又在巴斯瓜拉地的一幢公寓的四层楼上住了下来。在1804年的时候，他就曾在此住过一段时间。在这年的一月份，他就完成了《爱格蒙特》序曲（作品第84号），并做了很多工作来推动它的演出。在《爱格蒙特》序曲之后，他只创作出了一支曲子，就是《F小调弦乐四重奏》（作品第95号）。也就是在这段时间里，贝多芬开始考虑结婚的事情。他在给一个叫格拉夫·依格拉兹·冯·格立却斯顿的朋友的信中开玩笑说："请为我找一个妻子，如果你认识美丽的女性，请一定要介绍给我。记住，一定要快，而且一定要找美丽的女性，我不喜欢丑陋的女人。"

格立却斯顿和司蒂芬·冯·勃朗宁都在部队里面当副秘

交响乐之王贝多芬

书,他们都和贝多芬是很好的老朋友了。格立却斯顿收到贝多芬的请求,于是就介绍他到玛尔法蒂小姐的家里去。玛尔法蒂出生于一个富裕、快乐的家庭,接受了良好的艺术和音乐教育。她有两个女儿,分别是茜丽柴和安娜。贝多芬受邀给这两个姐妹上音乐课。这时,茜丽柴·玛尔法蒂只有18岁,而安娜才17岁。处于花季年龄的少女总是令人喜欢的,贝多芬也被茜丽柴吸引了。他在给格立却斯顿的信中说道:"我非常想念她们,和她们在一起,我感觉到非常快乐。每当我在别的地方受到伤害的时候,只要被她们安慰一下,我就又能够变得快乐起来了。"于是,已经39岁的贝多芬又做了一次求婚者。他给他的朋友柴姆斯加尔写信,请求他给自己一面镜子、一些紫花布、几件亚麻衬衫以及半打领带。他想要好好打扮自己,以便成功吸引茜丽柴。但其实,他对于结果并没有抱很大的期望。

4月25日,贝多芬写了一首独奏的钢琴小品《A小调巴加泰勒》,并将它送给了自己的学生同时也是自己的恋人的玛尔法蒂,题赠为"赠特蕾泽"。后来,德国音乐家诺尔在为贝多芬写传记的时候,在玛尔法蒂的遗物中发现了这首曲子。他将这支曲子的名字录为《致爱丽丝》,后来《致爱丽丝》也就成了这支曲子正式的名字。

之后,贝多芬写给玛尔法蒂的信件都没有明确的时间。他第一次给玛尔法蒂写信大概在4月底。当时,玛尔法蒂和家人一起搬到乡下去了,贝多芬由于不能再和恋人经常见面而感到非常郁闷。他在信中压抑着自己的真实情感,小心地选择语

言,像一个年长的老师在教育小孩子似的:"请你不要忘记了那架钢琴,从学习音乐的角度来说。你在弹奏钢琴上很有天赋,为什么不全身心地投入其中呢?如果这样,你一定会体会到音乐的美妙,请你一定要好好地练习钢琴弹奏。你将会认识到艺术的华丽和崇高,而你也会因受到音乐的熏陶变得越来越美丽。"这虽然不是牧师在传道,却是非常诚挚的忠告。那么,是什么让他变得如此冲动呢?"我很冷静,但也很孤独,我可能会再次振奋精神,但是你们离开之后,我感到无比的空虚,内心得不到满足,甚至我一直信仰的艺术也无法取得任何成就。"他还给玛尔法蒂送去了几本书,包括歌德和舒里格等人的作品,让她能够在乡下打发时间。"我真羡慕你能够回到故乡度过一段快乐的时光。我从8岁以后,就再也没有感受过这种快乐了。童年时光是多么美好、快乐啊!在翠绿的草地、茂密的森林中穿梭,攀登高大险峻的山脉,没有人比我更热爱自己的故乡了,以至于你那里对我充满了极大的诱惑。"

最后,贝多芬委婉地请求玛尔法蒂让他去她家拜访。没过多久,他又写信给韦格勒,要求韦格勒把出生证件给他送过来,虽然他没说用来做什么,但意思已经很明显了,他要向玛尔法蒂求婚了。可是,他始终记得自己是一个失聪的残疾人这件事情。他因此无法自信地去追逐自己的幸福,他曾说:"如果我的耳朵没有被魔鬼占据的话,我将会得到人类最大的快乐。我曾听说过一句俗语:有的人看着像活着,但他的灵魂已经死了。唉,生命是如此美好,但为什么对我如此不公。"

贝多芬并没有到乡下去拜访玛尔法蒂,他只让格立却斯顿帮他送了一件礼物,因为他害怕自己承受不住被当面拒绝的打击。他希望格立却斯顿能够帮助他,因为格立却斯顿既是自己的好朋友,也与玛尔法蒂姐妹相处得很好。而且,他和安娜已经订婚了。

贝多芬还给格立却斯顿写了下面这封信:

"亲爱的朋友,希望你在她们那里能够得到温暖的抚慰。可是,我就没有你那样幸运了。再见,我们在星期三的早晨再见面吧,我之所以写这封信,是因为想让全世界都知道这件事。如果你觉得信纸有些脏乱,那就再换一张吧,因为我是在晚上写的,所以不知道信纸到底干不干净。再会,亲爱的朋友。"

第二天,贝多芬又写了一封信,向格立却斯顿解释了自己不能和他一起同行的原因:

"你的生活已经平静安稳下来,也已经做好了结婚的一切准备,但你的朋友我还处于困难之中。在她们眼中,我是一个怎样的人呢?她们在我不在的时候会如何评价我呢?她们没有邀请我,我不敢贸然造次。但如果你能够坦白地告诉我你所知道的一切,我就和你一起去。再见吧,如果星期三你不能来赴约,那就写信告诉我事情是如何进展的。请你体谅我一下,我心中所想表达的远非这一张信纸能够承载。"

还有一封信,好像是因为格立却斯顿没有按照约定,答应贝多芬的请求。可以想象,当时两人肯定闹得很不愉快,格立却斯顿因此伤害了朋友,贝多芬对于爱情和婚姻的幻想破灭了。

第十三章　生活与婚姻

那时，贝多芬的确受到了很大的伤害，但也不至于为此消沉下去，他仍旧像平时一样去玛尔法蒂家拜访，直到茜丽柴·玛尔法蒂在1817年嫁给冯·特洛斯帝克男爵以后，也依然如此。

成长加油站

生活的困苦、婚姻的没有着落，这些对于个人而言，都是非常不幸的事情。如果这些事情发生在一般人身上，那么这个人肯定会痛不欲生，但是贝多芬经历这些事情后，依然能够振奋起来，坚持在音乐的道路上不断追求，由此可以看出他坚毅、乐观的精神品质。我们在生活和学习中，也应该向贝多芬学习，不因一点小挫折、小失败而灰心丧气，停止追求。

延伸思考

1. 面对艰难的生活，贝多芬放弃音乐创作了吗？为什么？

2. 贝多芬一生未结婚，这是为什么？

第十四章　摆脱生活困境

1810年左右，贝多芬的耳聋已经不再是什么秘密了。因为他说话的时候，声音太响亮了，以至于周围的人都会转过头惊讶地看着他。他不再在大庭广之下演奏钢琴了，也不会去参加任何形式的音乐会了。他躲避着人群，一个人待在自己的住所内。他发现，他正渐渐地与社会远离，这对他而言反而是一种帮助，让他能够不再卷入纷杂的事务当中。他可以全心全意地投入到音乐的创作中去了。《第八交响曲》就是他在这个时间段里完成的。它是如此明朗、轻快，每一段又都很简单，可以让人们跟着轻轻地哼唱。

机械家谬塞尔为贝多芬制造了一个专门的听音器，帮助贝多芬提升听觉能力。贝多芬和谬塞尔在几年前就已经认识了。谬塞尔曾经在史达立却的钢琴制造商家里设立了一个实验室，他在实验室里做的实验让人们感到非常震惊，贝多芬当时也被震撼了。后来，谬塞尔听说贝多芬的音乐仿佛有一股奇异的"电力"一般，于是他也转到对音乐器具上去了。

谬塞尔还为贝多芬制作了一个"机械喇叭手"，它可以帮助贝多芬演奏钢琴。他还制作了一个叫作"机械铜鼓乐队"的东西，这个东西是装在一个盒子中的，可以通过吹奏

风箱而发出美妙的音乐，它还有一个乐号，乐号是由旋转的铜圆体和哨子控制的，当乐号与其他部件组合起来的时候，就能够演奏出恰罗比尼的序曲和海顿的军事交响曲。

当时，英国的惠灵顿公爵打败了拿破仑，拿破仑征服世界的野心不断受挫。谬塞尔意识到现在人们迫切需要一首歌曲来庆祝胜利。于是他就计划让贝多芬为"机械铜鼓乐队"专门制作一首歌曲，然后在英国演奏。贝多芬答应了。

谬塞尔也必定明确地告诉过贝多芬他制作的这个机器能做的事情和不能做的事情，但贝多芬还是答应了他的请求。可是，当时的维也纳人已经对谬塞尔的自动机器丧失了兴趣。谬塞尔只好将所有的希望都放在了贝多芬身上，认为贝多芬一定能够为自己赚取大量的金钱。当时贝多芬恰好保存有一首刚完成的还没有公开演奏过的交响曲《第七交响曲》，还有《维多利亚战役》，如果能够成功演出的话，肯定会在社会上引起巨大轰动。于是，他在12月8日就举办了一场慈善音乐会。维也纳著名的音乐家听说之后，也都很支持，并自愿过来帮忙。休本柴做第一小提琴手，尚勒利做喇叭手，赫梅尔管铜鼓，贝多芬自己担任指挥。这次音乐会取得了巨大成功。在12月12日，感觉到有利可图的谬塞尔又举办了一场音乐会。这两场音乐会一共筹集到了4000弗洛林慈善金。也因为这两次音乐会，人们开始承认贝多芬的确是一位伟大的作曲家了。贝多芬也被允许于第二年的1月2日在皇家宫廷的大厅里进行演出。而且，这一次的收入将全部归贝多芬所有。在这次演奏会上，贝多芬除了演奏了原定的曲目以外，还加入了一首《雅典的废墟》（作品第113号）。这次演出也获得了巨大的成功。

交响乐之王贝多芬

在这几次演出中,谬塞尔发明的那些机器完全没有发挥出它们被期待的巨大作用。听众们都将注意力聚集到了贝多芬的身上。

2月27日,贝多芬在原厅中又举行了一次盛大的演奏会。在这次演奏会上,他演奏了《维多利亚战役》(作品第91号)、《第七交响曲》以及一首刚写成的《田园交响曲》。

《田园交响曲》也叫《第六交响曲》,它的风格与《命运交响曲》和《英雄交响曲》完全不同。《田园交响曲》就像是一幅清新淡雅的画卷,将大自然的优美景色淋漓尽致地表现了出来。

《田园交响曲》的第一乐章的标题是"到达乡村后被唤醒的愉快印象",第二乐章的标题是"溪畔风光",第三乐章的标题是"村民快乐的聚会",第四乐章的标题是"暴风雨",第五乐章的标题是"牧人的歌,暴风雨过后愉快而感激的心情"。从每个乐章的标题上,我们就能够感受到大自然的美丽,而这种美是作曲家在大自然中获得的,然后又将其加入了自己的创作当中。

第三协奏曲曲谱

贝多芬在创作《田园交响曲》的时候,曾这样写道:"乐曲中包含的情景应由听众自己去感受。乐曲应该带有交响乐的特点,体现对乡村生活的回忆,而且要注重各个乐器的协调搭配,不应只突出其中一种乐器。"

第十四章　摆脱生活困境

　　凡是稍微有些乡村生活经验的人，都可以轻松地从《田园交响曲》中感受到作曲家的创作意图，因为《田园交响曲》表达的正是人类对于大自然的热爱。在这个作品中，贝多芬向听众传达了这样一种观念：人类是大自然的一部分，与大自然有着密切的联系。

　　《田园交响曲》得到了很多人的喜爱，但是《第七交响曲》和《第八交响曲》的反响很不理想。观众都表示这两首曲子听起来很不协调。

　　谬塞尔想让贝多芬和他一起去英国伦敦，认为伦敦赚钱的机会更多。但是不管他怎样劝说贝多芬，贝多芬都不答应。最后，实在无法忍受贫困的谬塞尔决定一个人到伦敦去。他重新制作了一首听起来和贝多芬的作品很像的曲子，然后就离开了维也纳。谬塞尔到达慕尼黑后，曾先后两次演奏《维多利亚战役》。贝多芬知道这件事后，非常愤怒，他立刻向法院提起了诉讼。但是，当时的人们对于谬塞尔发明的"机械铜鼓乐队"是否有权演奏别的乐曲产生了很大分歧，经过多年争执之后，法院判决两人各拿一半利益。

　　《维多利亚战役》被听众广泛接受之后，《费德里奥》也再一次被人们记起。卡逊莱塞剧院的经理居拉斯加于是就想让贝多芬重新演出这部歌剧，还劝他再次修改乐谱。贝多芬听说自己的第一部歌剧又可以公开演出，很高兴，所以他听从了居拉斯加的劝告，并将原稿交给了居拉斯加。

　　居拉斯加说第一幕的开头和结尾一定要形成巨大差异，可以用二重唱或三重唱；第二幕应把原来设定的黑暗的牢狱场景改为在宫廷里结束，这一幕的确是很重要的。居拉斯加

毫不避讳地告诉贝多芬，这一幕的开头不能插入弗洛斯坦的歌曲，改成一个人饥饿欲死可能会收到更好的效果。

晚上，贝多芬来到了居拉斯加家里。居拉斯加把一首他刚写完的诗歌递给贝多芬。这首诗描述的是弗洛斯坦在受到不公正的对待并且妻子也死去的情况下的悲伤和痛苦，这正是弗洛斯坦将死之时的情况。贝多芬读完诗歌后，在房间中来回地踱着步，嘴里不停地嘟囔着什么。这是贝多芬独特的习惯。然后他又走到钢琴边，弹起钢琴来。他把原稿放在面前，又即兴创作起来。一个钟头过去了，他仍在工作。居拉斯加已经准备好晚饭了，贝多芬依然坐在钢琴前一动不动。过了很长时间后，贝多芬终于完成了创作，他站起来拥抱了居拉斯加，没吃饭就匆匆回家了。第二天，他就将歌剧修改好了。但是贝多芬对修改后的剧本仍然不满意。他给居拉斯加留言说："它不像我新作的曲子那样顺畅。"于是，他又为剧本新作了一首序曲。5月23日，《费德里奥》进行了预演。他新作的序曲很受欢迎。两天之后，贝多芬又进行了第二次公演，一个月下来，他总共演出了六次。8月18日，贝多芬又进行了一次演出，效果同样很好。

维也纳国家歌剧院

除了重新修《费德里奥》之外，贝多芬还创作了《悲哀的歌》和《e小调钢琴奏鸣曲》（作品第90号）。其中，《悲哀的歌》是为纪念巴斯瓜拉蒂的妻子而写的，而《e小调钢琴奏鸣曲》（作品第90号）是为莫里兹·里区诺斯基订婚而写的。

随着创作的音乐作品的增多，他收到的出版费也增多了。此外，他的歌剧《费德里奥》已经公演了16次，在社会上已经得到了广泛普

歌剧《费德里奥》中的人物角色

及，而且他的形象也成为了众多商家的商品，所以，贝多芬经常从汤姆逊和施坦纳等地收到别人给他汇过来的钱。

到1816年，贝多芬已经非常富有了，他在七个国家都开有个人账户，到他去世之前，他账户中的存款已经达到7400弗洛林了。这些存款不仅包括有他举办音乐会所得的收入，还包括别人提供给他的经济支持，另外还有每年别人付给他的拖欠款项。但是，贝多芬仍然宣称自己很贫穷。他在写给卡恩加、兰兹等朋友的信中连篇都在倾诉发生在自己身上的一连串矛盾，诉说着自己的生活是多么穷困。在1815年的时候，他甚至还向斯坦纳和弗朗兹·白兰坦诺借钱。

成长加油站

无论面对多么困难的处境，只要我们不放弃，始终坚持寻找解决问题的办法，不懈努力，最后我们一定会渡过难关，迎接人生的转变。贝多芬在陷入困难后，没有接受塞缪尔到伦敦去的建议，他没有逃避，而是继续努力，坚持奋斗，最后终于获得成功。我们在生活和学习中也要培养自己不轻易放弃的精神，养成坚持的良好品质。

延伸思考

1. 失聪让贝多芬几乎与世界隔绝了，对此他是怎样应对的？

2. 从贝多芬进行音乐创作上，我们得到什么启发？

名人名言

在困厄颠沛的时候能坚定不移，这就是一个真正令人钦佩的人的不凡之处。

——贝多芬

第十五章　侄儿卡尔

贝多芬得到了大众越来越多的关注。在这种情况下，他又创作出了很多令人惊奇的作品。1815年1月20日，贝多芬在皇家音乐厅举行了一场音乐会。在这场音乐会的最后，他突然冲到钢琴前，在皇帝、皇子及众大臣的面前进行了即兴演奏。这是他最后一次在公众场合以一个钢琴家的身份出现了。

没过多久，人们就将视线转移到了拿破仑身上。当时，拿破仑从圣赫勒拿岛逃了出来，并且已经回到了法国。人们听到这个消息后，非常震惊。随后，奥地利国会就解散了，宫廷中的活动也减少了很多。受此影响，没有人再帮助贝多芬举办音乐会了。贝多芬也因此失去了经济来源。朋友们纷纷逃到了安全的地方去躲避战争。贝多芬一下子又陷入了孤独之中。

被孤独困扰的贝多芬感觉"所有的东西都是虚幻的"。4月，他给卡恩加律师写信说："友谊、国会、贵族们，没有一样不是像雾一样，风一吹就消散得无影无踪。"4天后，贝多芬在回忆过去的岁月以及和朋友的友情的时候，又产生了一个新的念头——写书。

交响乐之王贝多芬

贝多芬不再去贵族家里做客了,也不再收学生讲授音乐课了。爱情也已经远离了他的生活,虽然仍有一些真挚的朋友留在他的身边,但他们也都不愿意到他的住所里来拜访他。贝多芬想要离开,却被一个诉讼案件给牵绊住了。

他的弟弟卡尔在这一年得了肺结核,可是贝多芬声称自己已经没有多少积蓄了,有时候连房租都拿不出来,根本没有钱去给弟弟治病。当卡尔的病情发展到晚期的时候,贝多芬已经放弃了希望,他无可奈何地同情着弟弟,什么都做不了。贝多芬觉得自己不是一个称职的好哥哥,在年轻的时候就离开家,到外面闯荡,连父亲去世他都没有回家,以至于家里所有的重担都落在了他的两个弟弟的身上。每想到这些,贝多芬就感觉自己很愧对弟弟们。现在弟弟面临着死亡的威胁,自己却拿不出钱为弟弟治病,这让他更加感到愧疚。

卡尔死后,贝多芬就把自己对弟弟的愧疚全部弥补到了他的只有9岁的儿子小卡尔身上。小卡尔是一个非常漂亮、聪明的孩子。贝多芬很喜欢他,也因此对小孩子越来越感兴趣。这毕竟是自己弟弟的亲骨肉,而且他还这样小。于是,贝多芬就主动承担起了照顾小卡尔的重任。贝多芬像照顾自己亲生孩子一样照顾着小卡尔。他想把小卡尔培养成优秀的人才。

但是,贝多芬要解决一个难题,就是小卡尔的监护权问题。弟弟在死之前虽然留下了遗嘱,但是并没有明确说明小卡尔的监护权问题,可能卡尔是希望贝多芬能够和自己的妻子一起来照顾小卡尔吧。可是,贝多芬与弟媳相处得并不

第十五章 侄儿卡尔

好,他觉得如果把小卡尔交给这样一个轻浮的人来照顾,那么小卡尔迟早会被带坏的。

于是,在卡尔死后的第八天,贝多芬就请求奥地利皇帝同意由他来抚养小卡尔。1816年1月9日,奥地利皇帝批准了贝多芬的请求。贝多芬获得了小卡尔的监护权。但是,贝多芬的经济并不宽裕,他的住所十分狭窄,根本没有多余的空间来容纳小卡尔,而且贝多芬一旦沉浸到作曲中的时候,就会忘记照顾小卡尔。所以,小卡尔的到来给贝多芬造成了很大的麻烦。

为了解决这个问题,他带着小卡尔来到格拉雪斯,拜访了城外的私立学校的琪阿拿达西奥。琪阿拿达西奥的妻子和两个女儿都非常喜欢贝多芬的音乐,贝多芬也很信任琪阿拿达西奥一家。当贝多芬告诉他们准备把自己的侄儿小卡尔送到他们的学校的时候,琪阿拿达西奥非常高兴,立刻就同意了。

"放心吧,贝多芬先生。我们肯定会照顾好小卡尔,不会让他受一点儿委屈的。我们这里有维也纳最好的老师,而且小卡尔看起来也很聪明,相信他在这里会学习到很多知识的。"

小卡尔的确非常活泼、聪明,他很快就得到了学校老师和同学们的喜爱。小卡尔在学校里也很听话,学习非常用功。

卡尔·凡·贝多芬

贝多芬自从承担起抚养小卡尔的责任之后，原本就不宽裕的生活变得更加拮据了。为了增加收入，贝多芬不得不把自己辛苦创作出来的音乐作品的版权低价卖给出版商。其实，贝多芬是可以改变自己的经济状况的。只要他放弃自己的音乐信念，创作一些轻松愉悦的作品，那么，凭借着他的名气，他肯定很快就能赚很大一笔钱。但是贝多芬始终无法放弃他的崇高的艺术理想。幸好琪阿拿达西奥愿意帮助照顾小卡尔，这在很大程度上减轻了贝多芬的压力。

原本以为小卡尔可以在琪阿拿达西奥那里安稳地生活了，可是没想到，小卡尔的母亲找到了学校，经常来看望小卡尔。

一天，贝多芬来到学校看望小卡尔。他到达学校后，先和琪阿拿达西奥见了一面。在与琪阿拿达西奥交谈的时候，贝多芬发现他的神色不太对劲，说话的时候也支支吾吾的。贝多芬经过反复询问，才得知原来是小卡尔的母亲找到了这里。贝多芬对此非常气恼，他不愿意小卡尔与他的母亲接触，因为他认为小卡尔的母亲就是一个难缠的泼妇。为了不让小卡尔与母亲见面，贝多芬几乎每天都会去学校，如果学校放假，他会早早地把小卡尔接回家，还挤出时间陪小卡尔玩耍。但是，这样一来，贝多芬进行音乐创作的时间就少了，而他是不可能放弃音乐的。为了解决这个问题，贝多芬最后决定将小卡尔从这所私人学校里转出来，亲自在家照顾他。

贝多芬在5月的时候就给埃杜特伯爵夫人写了一封信。信中说：

第十五章 侄儿卡尔

"我弟弟的死给我造成了沉重的打击。我要从弟媳那里将侄儿的抚养权争取过来,但是抚养小孩子对我来说是一个非常沉重的负担。我虽然争取到了侄儿的抚养权,但我只能把他送到一个合适的学校中去生活。什么样的学校才是合适的呢?我在思考这个问题的时候,脑中不停地闪现出一个又一个计划,我要选择一个离我很近的学校,这样他才能经常见到我,早日与我建立起良好的关系,但是要找到这样一所学校并不是一件容易的事情。"

伯爵夫人对于贝多芬所说的困难非常清楚。贝多芬用了整整一个夏天来重新布置今后他与侄儿要生活的家。虽然柴姆斯加尔经常帮助他,但这依然让他深刻体会到了日常生活的艰辛。后来,贝多芬打算找一个佣人,但是他找了很久都没有找到一个合适的。其实是佣人都无法忍受贝多芬那种不规律的生活习惯,所以都不愿意到他家工作。

到9月份的时候,贝多芬已经整理得差不多了,于是他写信给琪阿拿达西奥和他的家人,邀请他到他巴登的家里做客,并把小卡尔也一并带来。

贝多芬领养小卡尔之后,一直希望能够让他接受到良好的教育,让他从小就养成善良、正直的品性。但是事实证明,贝多芬并没有做到这一点,这从他的信件中就能够看出来。在他将小卡尔从琪阿拿达西奥的学校接回以后,刚过了几个小时,他就写信向琪阿拿达西奥诉苦说:

"这小孩看起来学习很用功,其实那都是欺骗人的假

象，我现在已经看透他的把戏了。我看得出来，他在你那里并没有好好学习。当我们一起出去散步的时候，他的行为举止令我感到非常惊讶，因为他总是紧紧地攥着我的手，不停地问东问西，好像对一切都充满着好奇，但我没有回答他。吃饭的时候，他只吃了一点儿，他跟我说他感到不快乐。可是，我已经想方设法为他创造了良好的生活条件，我和他说话的时候还特别注意用温和的口气。现在，他变得温柔了很多，这让我对他的未来又充满了希望。"

有时候，贝多芬也会请琪阿拿达西奥到他家里做客。他不停地向琪阿拿达西奥诉说着自己在教育小卡尔的时候面临的苦恼，就好像这个世界上除了这件事以外再没有其他事情了。

琪阿拿达西奥和柴姆斯加尔会为贝多芬提供一些帮助，当贝多芬出现失误的时候，他们也会尽量温和地劝说和安慰他。贝多芬都默默地接受了，不会责怪和打骂小卡尔。但是，贝多芬无法接受别人劝他放弃对小卡尔的监护权的建议。比如，勃朗宁就因为非常不赞同贝多芬来抚养小卡尔，所以，他在好多年中，都要接受贝多芬对他的当面诅咒。甚至，琪阿拿达西奥也曾经被贝多芬拒之门外过，虽然他帮助贝多芬处理了很多棘手的难题和琐碎事务。

对于侄子卡尔，贝多芬爱得真挚且深沉，他为了卡尔什么事情都可以做。他不能让卡尔离开自己的身边，一旦他看不到卡尔，就感觉非常不安，总觉得卡尔会被社会上可疑的人带坏，受到伤害。贝多芬希望在自己的影响和教育下，被母亲宠

第十五章　侄儿卡尔

坏了的小卡尔能够发生改变。他想尽一切办法阻止卡尔和他的母亲见面，他说这是出于对卡尔的爱和保护。但是他自己也很清楚，卡尔毕竟还是一个小孩子，肯定会需要母亲的爱。贝多芬小的时候得到了母亲那么多的宠爱，为什么小卡尔不能对母爱充满期待呢？贝多芬其实也承认，自己之所以不让小卡尔见他的母亲，是他的嫉妒心在作怪，也明白这样做是违背人性的。让小卡尔与自己的母亲分离，由自己这个关系并不怎么亲近的人来照顾小卡尔，并不是很恰当。但是，贝多芬并不理会这些，他固执地认为由自己来抚养小卡尔是非常正确的。

不管贝多芬对于小卡尔到底有没有尽到应尽的义务，但他的确非常关心小卡尔，对于这一点，贝多芬周围的朋友都能够看出来。可是，卡尔却没能体会伯伯的这一片苦心，他不喜欢贝多芬总是牢牢地看管自己，经常与贝多芬发生矛盾，有时候还会离家出走。

一次，小卡尔又离家出走了，很久都没有回来。贝多芬为此非常伤心，他感到自己几乎就要崩溃了。贝多芬不停地到处寻找小卡尔，整个人都憔悴了不少，他的头发变白了，并乱蓬蓬地堆在头上，胡子也懒得刮，衣服破烂不堪。

一天早晨，他在外面晃悠了一会儿后，想要回家，可是他发现自己迷路了。贝多芬穿着一身破烂的衣服站在大街上，四处张望，想要找到回家的路，但是一点头绪都没有。最后，他不得不请求警察帮助自己。可是，警察看到他那一身打扮后，以为他是一个乞丐，要把他带走。他拼命挣扎，大声说自己是音乐家贝多

交响乐之王贝多芬

芬，可警察根本不相信。因为，警察不会相信伟大的音乐家会是乞丐的样子。后来，贝多芬的一个朋友听到消息后赶过来，向警察证明这个人的确就是贝多芬，警察才放他走了。

此时，贝多芬的精神状况已经很糟糕了，而他的经济状况更加糟糕。他不仅要抚养小卡尔，还要支付自己治病的费用。而他从出版商、剧院和音乐厅得到的收入远远无法支付他高昂的生活支出。无奈之下，贝多芬不得不向他的另一个弟弟约翰请求帮助，希望约翰能够给他一些经济支援。

成长加油站

没有人的生活是一帆风顺的，遇到困难，就勇敢去面对。如果总是人云亦云、随波逐流，放弃自己的原则，那么最后肯定很难取得成功。只有坚持自己的原则，积极寻找办法来解决问题，我们才能走得越来越顺利，最后才能获得成功。

延伸思考

1. 贝多芬为什么要执意抚养侄子小卡尔？

2. 贝多芬是怎样照顾小卡尔的？你认为他适合抚养小卡尔吗？

第十六章　烦闷中找寻出路——奏鸣曲

　　贝多芬为了侄儿小卡尔的事情忙得焦头烂额，也就将他已经做好的音乐训练计划放到了一边。为了挣钱来改善他和侄儿的生活，贝多芬又想着重新开始创作歌剧，但是他找不到合适的剧本。1816年，密西特女士请贝多芬为她写一个新的歌剧，要求这个歌剧要适合在柏林的舞台上演出。贝多芬答应了，很快就创作出了一首名为《英雄》的短歌剧，但是这并不是他理想中歌剧的样子。后来，贝多芬又来到英国。因为他想像海顿一样，也能够在短时间内在这里得到一大笔钱。

　　贝多芬与伦敦一直保持着联系，只要他能够继续保持下去，那么最后的结果一定会很好。但是一开始的时候，情况并不十分理想。

　　贝多芬在自己的作品《维多利亚战役》公开演出之后，就给音乐会的主持人佐治·司麦脱爵士写过一封信，同意对方在伦敦演出《维多利亚战役》。而此时，兰兹也在为贝多芬卖力地工作，他将贝多芬的作品在伦敦广泛地传播开来，并向出版商推销贝多芬的作品。这些出版商们都很愿意出版这些作品。

　　1815年11月22日，贝多芬写信给兰兹，与他商量他的音乐作品的出版问题。之前，奈特来到维也纳，告诉了贝多芬一个好消息——他已经成为伦敦交响音乐会的会员了。1816年1月里,奈特回到伦敦,想要把贝多芬的音乐作品推销出去,其中就包括《第七交响曲》以及贝多芬为伦敦交响音乐会作的三首序曲。其中,《雅典的废墟》序曲得到了音乐会成员的喜爱,在预演之后就卖出去了。而《普罗米修斯》(作品第43号)和《爱格蒙特》(作品第84号)序曲也引起了人们广泛的注意。

1817年6月,兰兹给贝多芬写信,向他传达了一些关于交响乐会的事情。他请贝多芬"最迟在明年的1月8日前到达伦敦,并要带来两首新作的交响音乐作品"。到时,伦敦交响音乐会将会付给贝多芬300—400英镑作为酬劳。贝多芬很高兴,很快就答应了。虽然他最辉煌的时候已经过去了,但是他还可以参加一些音乐会来增加自己的收入。坦白地说,贝多芬之所以答应要到伦敦去,与其说是为了音乐,不如说是为了金钱。

到了9月,贝多芬还没有开始创作那两首已经答应下来的交响乐作品,可是还有四个月他就要去伦敦了。到这时,兰兹和伦敦交响乐音乐会的人才意识到,从海顿那里可以很轻松地获得12首交响曲,而从贝多芬这里拿到两首交响曲都非常困难。有人开始担心贝多芬能否在约定的时间之内完成任务。

创作出一首或两首交响曲对于贝多芬而言并不难,但是可能需要一两年甚至更长时间。贝多芬对于外界的困难并不畏惧,真正让他感到失望的是,自己的作品无法被别人真正地理解。要知道,在第七、第八交响曲之前,他的音乐从来不曾为人所真正了解过。在1810年秋天,贝多芬创作出《F

小调四重奏》（作品第95号），这个作品延续了他之前作品的悲伤、忧郁和恐怖的特色，但之后，他就再也没有创作这种类型的作品了。他选择了一条新的创作道路。进入老年后，贝多芬创作的大多是一些比较安逸的曲子。

贝多芬在音乐的道路上坚持走了那么远，中间遇到了很多困难，但他都一一克服，坚持到了现在，甚至还登上了音乐的最高峰。到了1813年和1816年，贝多芬的音乐创作进入了"休眠期"。到1817年，他为了侄儿小卡尔的事情烦心不已，于是，他为了消除心中痛苦，就在音乐创作上注入了更大的力量。而现在，贝多芬却走到了岔路口，他不知道该往哪一个方向走了。虽然他已经粗略地完成了《第九交响曲》的曲谱草稿，但接连不断的忧愁消磨了他的音乐创造力。他为了赚更多的钱来抚养侄子，制定了一个创作歌剧序曲的计划，也正是这个计划使得他放下了创作《第九交响曲》的工作。他对于自己这样的选择并不很确定。他曾写道："上帝，请你可怜可怜我吧，你看世人对我的态度是那么冷淡，虽然我没有做错什么事情。请您垂听我的祷告！只有和卡尔在一起，我的未来才有

沉浸在演奏中的贝多芬

希望。呵，这不公而乖张的命运！不，不，我忧郁不快的生活是不会终止的，你看我在夏天拼命工作也是为了我可怜的侄子。"

但很快，贝多芬就意识到"只有改变自己才能够使情况好转，否则自己就彻底没救了。我只有重新拾起搁置的音乐创作，才能够摆脱苦闷，如果一直为庸碌的日常生活而发愁，那自己永远也创作不出优秀的交响乐了"。

在贝多芬进行了深刻的自我反省和检讨之后，他又重新振作起来。一股新的力量正从他体内慢慢散发出来，这股力量是他的灵魂得到洗涤以后才产生的。那些曾经不看好贝多芬的人也转变了看法，他们又看到了从贝多芬身上散发出来的耀眼的光芒。贝多芬努力地让他的音乐主题变得更加简洁、淳朴，而他的音乐作品也因此被人们世代传诵。

第九交响曲曲谱

贝多芬终于在音乐创作上找到了新的出路，这从他在1816年创作的《A大调钢琴奏鸣曲》（作品第101号）中就能够看出来，但是，他自己对此却坚决否认。贝多芬又投入到了音乐的创作中来，他在草稿纸上不停地写着，创作出了一首新的交响乐作品。到了夏天的时候，他已经完全进入了状态。

到1818年秋天，贝多芬完成了这首钢琴奏鸣曲，前后共花费了两年的时间。这首曲子非常长，是以往任何一首奏

鸣曲所不能比的。贝多芬把这首曲子叫作《槌子键琴奏鸣曲》。这种新式钢琴发出的音调要比其他乐器响亮很多：第一乐章能够充分表现出交响曲的气息和性质，而慢板部分听起来就好像是一个男人在诉说心中的愁苦，他的心中牵挂的全都是一个小孩，但是得到的是痛苦的回应。在慢板中，虽然静默代替了恐惧，因此让人能够稍微感受到一丝安慰，但是这只是暂时的。最后的追逸曲又突然变得强劲起来。他是从巴哈那里学习到这种追逸曲的方式的，但却比巴哈的更加雄伟壮阔！

关于创作《追逸曲》，贝多芬曾说："它不要求特别的技巧，我在学习期间就已经能够创作出超过12支的追逸曲了，我现在要追求的是，在已有的形式中加入一些新颖的、比较有诗意的东西。"他的作品《降B大调变奏曲》和《两首大提琴奏鸣曲》（作品第105号）等都是在这种思考下创作出来的新形式的作品。但现在，他又在想着如何在自己的作品中表现出更大的柔和性和更集中的力量感了。

这非常奇怪，曾经让贝多芬非常在乎的侄子现在已经不能成为阻挡他追求更高的音乐艺术的理由了，而金钱的匮乏也不再成为他的烦恼了。他被一种强大的力量推动着，进入了创作奏鸣曲的忘我境地之中。这个时期延续了10年，在这个创作阶段中，贝多芬创作出了5首伟大的奏鸣曲、33首变奏曲和最后5首弦乐四重奏，另外，他最杰出的作品——《弥撒祭曲》和《第九交响曲》也是在这个时期创作完成的。

成长加油站

如果我们过度关注外界，那么我们的精力就会分散，无法集中在一件事情上，这样，我们很难取得成功。一旦我们将有限的精力从外界收回来，全都集中到正在从事的事情上去的时候，我们就会很容易做出一番成就来。所以，我们在学习的过程中，一定要杜绝三心二意，专心致志地投入到学习中去。

延伸思考

1. 贝多芬为什么又重新开始音乐创作？

2. 在他人生的最后十年内，贝多芬创作出了哪些伟大的音乐作品？

名人名言

涓滴之水终可磨损大石，不是由于它力量强大，而是由于昼夜不舍地滴坠。只有勤奋不懈的努力才能够获得那些技巧。

——贝多芬

对于富有才华和热爱劳动的人来说，不存在任何障碍。

——贝多芬

第十七章 《第九交响曲》与《弥撒祭曲》的辉煌

在艰难的生活中,贝多芬仍然坚持进行音乐创作。1819年初,经济严重困难的贝多芬给欧洲所有国家的君王都写了一封信。在信中,他承诺给每一位国王一份"伟大《弥撒祭曲》的原稿",但是他们也应每人付给他50个金币,以支付印刷曲谱的费用。

君王们根本不会管曲子的质量如何,也更不会在意区区50个金币,所以贝多芬完全可以应付了事。但是,他仍然用一种非常严谨的态度来对待他所从事的音乐创作。因为,他对他的作品要求非常严格,只要是他创作的曲谱,都必须是经过精心雕琢的、完美无瑕的,是最好的作品。即使他要为此承受巨大的压力和痛苦,他也依然不愿意放松对自己的要求。所以,到了约定的期限,贝多芬依然没有完成创作。直到1823年,他才完成了《弥撒祭曲》的创作。紧接着,贝多芬又创作出了3首钢琴奏鸣曲,其中《E大调钢琴奏鸣曲》(作品第109号)又使他重新开始了奏鸣曲创作。

贝多芬在创作奏鸣曲之外,也正在进行着一个伟大的作品的创作工作,这个作品就是《第九交响曲》。在此之前,贝多芬从未向别人提起过他正在创作《第九交响曲》的事情。

交响乐之王贝多芬

贝多芬在很早以前就已经开始计划着创作《第九交响曲》的事情了。贝多芬在年轻的时候,曾想要为席勒的《欢乐颂》谱曲,因为他感觉《欢乐颂》中所赞美的自由和公正正是他一直追求的。在1822年秋天,贝多芬在创作《弥撒祭曲》的过程中,把他以前的一些构思都集中起来,进行整理。没有人知道他要做什么,这是贝多芬深藏在心中的一个大秘密。

当时,人们由于不愿意面对纷乱的战争局面,纷纷选择营造出一种虚拟的浪漫气氛,从而将自己与外界隔离开来。但是贝多芬并不赞成这种做法,他本身具有的英雄主义思想使他不愿意跟随潮流,而是勇敢站出来,鼓励人们不要逃避,要勇敢面对时代的不幸和人类的苦难。在生命的最后,贝多芬依然选择与命运抗争到底。

贝多芬使用过的钢琴

而《第九交响曲》就是贝多芬"英雄主义"思想的进一步发展,也是他在交响乐领域的集大成之作。这首曲子是在席勒的《欢乐颂》的基础之上创作的,深刻地反映了贝多芬"从黑暗到光明""经过搏斗获取胜利"的思想。在这部作品中,贝多芬通过他对音乐的纯熟操作,展现了悲剧性的艰难斗争,以及之后胜利和欢乐的场面。这个作品整体是围绕着"欢乐"这一主题思想和核心展开的,并且在歌曲过程中对该主题进行了尽情地歌颂。

1824年,贝多芬完成了最后一个乐章,自此,《第九交响曲》就全部完成了。这个消息传出后,整个音乐界都震惊

第十七章 《第九交响曲》与《弥撒祭曲》的辉煌

了。贝多芬的朋友们想在维也纳给他安排一个音乐会,来向世人介绍他的《弥撒祭曲》和《第九交响曲》,但是贝多芬拒绝了。因为他已经在之前答应了伦敦的音乐界人士,而且他也对维也纳社交界感到很反感。但事实上,贝多芬心中真正想的初次演奏地点是柏林。

贝多芬在音乐界已经赢得了显赫的名声,他以前创作的奏鸣曲和三重奏,尤其是《第七交响曲》和歌剧《费德里奥》,都取得了很好的成绩,得到了人们广泛的认可和赞美。后来,韦伯又将他的歌剧《费德里奥》进行了修改,这样一来,《费德里奥》就更加出色了,受到了更多人的喜爱和欢迎。柏林的艺术评论家对贝多芬的歌剧赞赏不已,而巴黎的人民也都纷纷到音乐厅去聆听他的交响曲演奏会,至于伦敦,则更希望能得到贝多芬新创作的作品。

弥撒祭曲

在维也纳,很多人都认为贝多芬"是一个蠢汉,他创作出来的音乐也是愚蠢的"。人们对他唯一比较好的说法是,他在经过漫长而孤独的创作后,才最后得到了一首新的交响曲。对此,人们都很感兴趣。

贝多芬还是选择了柏林作为初次演奏弥撒曲和交响曲的地点。他给柏林的勃路尔伯爵写信,探讨了演奏的相关事宜。勃路尔伯爵接到贝多芬的来信后,非常高兴。他立刻就答应在柏林为贝多芬举办音乐会。这个消息传到维也纳后,贝多芬在维也纳的朋友联名写了一封长信。30多个人组成了

交响乐之王贝多芬

一个自称是"艺术的信徒和爱好者"的团体,向贝多芬提出了抗议,他们说:"维也纳,也就是你的第二故乡是如此的敬慕和尊敬你,希望你不要将神圣的作品以及你呕心沥血创作出来的交响曲交给别的城市来演奏。"他们担心这样说还不足以让贝多芬放弃到柏林演奏的想法,于是又说道:"一个我们所尊敬的伟大的音乐家,留在他的故乡才是理所当然的。请你尽快给我们这群如此尊仰你的人回复。"这封信似乎是他的维也纳的朋友们在尽最大力量来鼓励已经完全孤立的贝多芬,想让他在公开演奏完这两个作品之后,不再感到孤单,并安稳地在维也纳度过晚年。

贝多芬在刚接到这封信的时候,其实是非常愤怒的,因为这份恳请书信在《戏剧日报》上引起了谣言,给他造成了困扰。后来,辛德勒又亲自拿着这封信来到贝多芬的住所。贝多芬望着窗外,若有所思地说道:"窗外的景色多么美丽啊,让人看着不自觉就变得快乐起来。"

辛德勒提议道:"你说的没错,让我们一起到外面走走怎么样?"

散步的时候,贝多芬一言不发,也没有提起那份恳请书信。最后,贝多芬还是决定在音乐季节结束之前,在维也纳举行一次音乐会。但是,选择哪个剧院?由谁来担任指挥?应该付给演唱者多少酬金?这些问题都需要贝多芬去考虑。贝多芬的朋友们听说贝多芬终于要在维亚纳举办音乐会的时候,都过来催促他赶快行动,因为音乐季节马上就要结束了。

贝多芬总是拿不定主意,他总是这样。朋友们又来向他提意见了,还不停地催促他,让他不要再犹豫不决。休本柴和爱比·斯坦特勒尝试了很多办法想让贝多芬赶快行动起来,辛德

第十七章　《第九交响曲》与《弥撒祭曲》的辉煌

勒也是。但是辛德勒在催促的时候，触怒了贝多芬，因为他让贝多芬感觉自己不被尊重。贝多芬一气之下，把辛德勒从自己的房子里赶了出去。贝多芬不想再被人催促，如果谁再试图要说服他，他就会将对方大骂一顿。最后，贝多芬实在受不了朋友的纠缠，他恼怒地宣布取消在维也纳举办音乐会。里区诺斯基、休本柴和辛德勒又来劝说他放弃这种想法，他们还联合起来，开了一个玩笑，想让贝多芬变得开心，并再次同意举办音乐会。他们的愿望是美好的，但是他们的做法却适得其反。因为，他们刚从贝多芬的住处离开，贝多芬就明白了他们的"花招"，并且给他们每人写了一个便条，让他们不要再去烦扰他，并非常明确地告诉他们，再也不会有音乐会了。

但是，里区诺斯基、休本柴和辛德勒没有就此停止，他们仍然会通过各种方式来劝说贝多芬。直到他们之间的关系缓和之后，才又开始了音乐会的准备工作。1824年5月7日，音乐会终于在卡斯莱萨剧院举行了。在正式演出的前一天，检察官通知贝多芬不得在剧院内演奏教堂

维也纳音乐厅

仪式的音乐，里区诺斯基伯爵想用自己的权利得到特许，但是没有成功，所以贝多芬只好从《弥撒祭曲》中抽选出三段来演奏。

交响乐之王贝多芬

音乐会开始后,音乐厅中挤满了人。贝多芬的一些朋友们在乐队中担任着各种角色,分散于各个地方;还有一些朋友坐在听众席上,耐心等待音乐会的开始,连已无法站立行走的柴姆斯加尔也来了。贝多芬在乌姆劳夫的提示下,顺利地演奏着……音乐会幕间休息的时候,听众为贝多芬送上了热烈的掌声,有的观众甚至想让乐队再重奏一遍。辛德勒把这种情形都告诉了贝多芬。在演奏结束后,贝多芬深受感动。当演唱者准备离开剧院的时候,贝多芬一一和他们拥抱。他的热情和激动明显是在告诉人们,《第九交响曲》和《弥撒祭曲》的成功演奏给他造成了多么大的触动。贝多芬虽然失去了听力,但是他还能够用眼睛观察,他的音乐感知力还很好,所以他能够感知到这场音乐会的情形。

低音歌唱家翁格夫人回忆起音乐会当天的情形的时候说:"音乐会即将结束的时候,大厅内的人都流下了感动的泪水,因为他们知道贝多芬虽然坐在音乐大厅中,但是什么都听不到,甚至观众热烈的掌声和喝彩声都无法传到他的耳朵里。他背对着观众,所以只有当他转过身来,面对观众的时候,他才能从观众的面部表情以及他们的动作上,得知观众在演奏中感受到了巨大的快乐和感动。贝多芬转身之后,观众又发出了比之前更加热烈的掌声,他们似乎对贝多芬产生了深深的怜悯。"

这场音乐会结束后,贝多芬得到了420弗洛林。对此,贝多芬很生气,他在辛德勒和乌姆劳夫跟前发了很大的脾气。

5月25日,第二场公演要开始了。但是,当时恰逢春天,天气温和、百花盛开,而且还是星期天,人们更愿意到郊外去感受春天的气息,所以,来听音乐会的非常少。

第十七章　《第九交响曲》与《弥撒祭曲》的辉煌

成长加油站

一部好作品肯定会受到人们的欢迎和喜爱，所以我们一定要在创作中时刻严格要求自己，不容许丝毫的松懈和怠慢。在学习过程中也是这样，如果我们想要获得好成绩，就要在日常学习中付出不懈的努力，认真对待每一科的学习，这样坚持到最后，我们肯定会收获满意的成绩的。

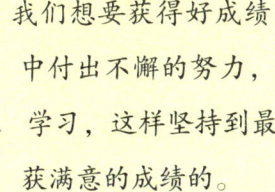

延伸思考

1.贝多芬为什么不想在维也纳首次公开演奏《第九交响曲》？

2.贝多芬在维也纳举办的音乐会反响如何？

第十八章　音乐大师病逝

在《第九交响曲》之后，贝多芬在病中又创作出了《a小调弦乐四重奏》。1825年11月，贝多芬在"粗人旅馆"舒里辛格的房间里举办了《a小调弦乐四重奏》演奏会，听众就是他的朋友们。当然，《a小调弦乐四重奏》也得到了人们广泛的喜爱和欢迎。

可是，音乐上的成功并没有减轻侄子卡尔带给他的痛苦。小卡尔的失踪和妄图自杀使贝多芬大受打击，让他看起来"就像是一个70岁的糟老头"，尽管贝多芬当时才56岁。贝多芬的弟弟约翰为了缓解贝多芬与小卡尔之间的关系，就想接他们到乡下去住一段时间。

他们乘坐着马车，一直沿着多瑙河向乡下走去。马车经过克雷姆斯，到达了格尼逊道夫镇。然后又走过一条整洁的林荫道，就来到了一座占地面积达400公顷的乡间别墅。这里有两栋大住宅，住宅周围种着非常稀有的树木。贝多芬选择了一间面临多瑙河林荫道的房间，因为这里的景色和他小时候生活的地方——莱茵河边的景色非常像。

人们只看到小卡尔被贝多芬逼得失踪，甚至选择自杀，却不知道贝多芬是多么关爱他的这位侄子，为了他，贝多芬

第十八章 音乐大师病逝

甚至牺牲了作为一个音乐家对艺术应有的追求，还有自己的健康。但是，或许也正是贝多芬的这种过度的爱，让小卡尔透不过气，对人生感到绝望，最后选择自杀的。

到了乡下后，贝多芬依然没有放松对侄子的管教。他白天教小卡尔学习音乐，到了晚上，就把小卡尔锁在房间里，以为这样就可以让他逐步走上正轨。

约翰叔叔很同情小卡尔，约翰的妻子也怜悯他，并称赞他的音乐才能，尤其是当他和贝多芬一起演译二重奏的时候。

过了一段时间后，由于小卡尔表现良好，所以贝多芬允许他外出了。小卡尔很希望叔叔派自己到克雷姆去办事，因为在那里，他可以暂时摆脱贝多芬的看管，可以和镇上的士兵一起到剧院里面玩耍。但很快，贝多芬就听说了，他以小卡尔不专心学习为由，禁止小卡尔再出去。

在乡间居住的两个月里，贝多芬发现这里的景色又点燃了他进行音乐创作的热情。虽然他生病了，但他依然坚持写了大量的曲谱。在此期间，他创作出的作品有《F大调弦乐四重奏》（作品第135号），《降B大调四重奏》的最后一乐章。其中，《F大调弦乐四重奏》也是他人生中创作的最后一首完整的作品。这首乐曲的旋律很平和，但内在力

a小调弦乐四重奏

仍很丰富，其旋律就像初生婴儿般简洁，这和贝多芬一生的经历非常像。

两个月后，小卡尔的创伤已经痊愈了。于是，贝多芬打算回到维也纳去。贝多芬雇了一辆破旧的车子，在12月1日，和侄儿小卡尔一起出发了。由于车子太破旧了，走得很慢，所以他们在沿途的村庄里又过了一夜。

当时已经是寒冬天气，贝多芬睡在没有一点保暖设施的破车上，忍受着寒冷冬夜的侵袭。到了半夜，贝多芬就不停地咳嗽起来。他感到口干舌燥，体内疼痛难忍，就像刀割一般。他起来喝了一杯冷水，坐在那里，难受地等待白天快点到来。第二天，他们又赶了一天的路，到了傍晚，才回到家里。小卡尔扶着他下车的时候，贝多芬已经感觉自己的身体快支撑不住，精神也颓丧了。

侄子小卡尔照顾着病中的贝多芬，但是小卡尔本来就不喜欢这位伯伯，所以对他的照顾也就可想而知。小卡尔经常把贝多芬一个人留在家里，自己整天到弹子房里玩，也不再给他请医生。后来，贝多芬给他的朋友霍尔兹写了一张纸条："我希望和我的朋友见一面。我生病了，希望能有医生来给我看病。"霍尔兹知道后，才给他请了一位医生，叫华鲁海。

华鲁海医生诊断的结果是，贝多芬得了严重的肺炎，而且还伴有吐血症状。后来经过一番救治，贝多芬的病情有所好转。到第五天，贝多芬可以坐起来了，还可以稍微动一下。到第七天，他就可以下床走一走，并能写东西了。

其实，早在一年多以前，贝多芬的肺部就出现了问题。受此影响，他的活动也减少了很多。后来，由于经常操心侄

子小卡尔的事情，为侄子生气，所以他又得了黄疸病，还出现了水肿。医生认为一定要将贝多芬体内的水分抽出来，于是就采取了抽腹水的治疗措施。到12月20日，医生从贝多芬的体内抽出了5瓶半水。贝多芬觉得自己很快就可以痊愈了，对医学科学充满了信心。

在治病期间，贝多芬收到了两份礼物。第一件是普鲁士王子送给他的钻石戒指。普鲁士王子在信中说，这件礼物是他为了表达对贝多芬及他的《第九交响曲》的敬意。贝多芬看了之后感到很开心，可是当他打开盒子，却发现里面装的根本不是钻石戒指，而是一块廉价的红玉石。贝多芬非常生气。另一件礼物是伦敦的约翰·施东浦夫赠送的，是由阿诺特博士所编撰的亨德尔作品集。贝多芬最尊敬的作曲家就是亨德尔了，而且音乐是贝多芬生命中最重要的东西，所以收到这份礼物，贝多芬非常开心。

葬礼进行曲

又过了一段时间后，在1827年1月2日，小卡尔加入了军队，离开了贝多芬。没有卡尔在身边，贝多芬感觉轻松愉悦不少，因为他不必再和侄子发生激烈的争吵，也不必为侄子生气了。小卡尔到军队之后，只给贝多芬写过一两封信，之后就再也没有消息了。

贝多芬在小卡尔离开的当天，就写了一封遗嘱，指定小卡尔成为自己唯一的继承人。遗嘱是这样写的：

交响乐之王贝多芬

"我的侄子卡尔将是我唯一的合法继承人。毫无疑问,他将继承我全部的财产,特立此遗嘱为凭。"

贝多芬的病情稍微好转之后,又很快恶化了。在1827年1月,华鲁海医生给贝多芬进行了第二次手术。

贝多芬从华鲁海医生的脸上看出自己的病情又恶化了,他用的药品也一天比一天多。贝多芬想要赶快好起来,他不想听医生安慰的话。每当华鲁海医生跟他说话的时候,他就转过头去。无奈之下,华鲁海医生就让辛德勒去请玛尔法蒂医生过来。玛尔法蒂是茜丽莎的叔叔,早在1813年的时候,他就和贝多芬认识了。但是有一次,贝多芬对玛尔法蒂医生说了非常无礼的话,所以两个人从此闹僵了。

辛德勒去请玛尔法蒂医生的时候,他并没有立即答应,他说不想再受到贝多芬的羞辱。他告诉辛德勒:"你跟贝多芬说,他是一位伟大的音乐家,并告诉他,我和同伴们都想生活在有音乐的世界上。"其实,他拒绝给贝多芬治病的真正理由,是贝多芬非常固执己见且不愿意镇静下来。后来,辛德勒又去请求玛尔法蒂医生。到1月19日,玛尔法蒂医生才答应给贝多芬治病。

玛尔法蒂采用的方法与华鲁海的完全不同,他把所有的药瓶都丢掉,并同意贝多芬喝一些冷酒,以便他能够清醒过来,重新振作起来。贝多

贝多芬雕像

第十八章　音乐大师病逝

芬把玛尔法蒂医生看作能够拯救他的"救世主",但是玛尔法蒂所有的尝试都没有减轻贝多芬的痛苦,反而还让他水肿得更厉害了。而冷酒也没有使贝多芬振作起来,还刺激到了贝多芬衰弱的器官。于是,华鲁海又代替玛尔法蒂继续给贝多芬治病。

没过多久,贝多芬病重的消息就传遍了整个欧洲。钢琴家赫梅尔听说后,匆匆来到了维也纳。当赫梅尔见到贝多芬的时候,贝多芬刚刚做完了第四次手术。他走到贝多芬的卧室后,看到贝多芬正坐在窗前,静静地看着窗外生机勃勃的春天景色。此时的贝多芬已经非常虚弱。赫梅尔的儿子后来回忆说:"他的脸上胡子拉碴,稀松灰白的头发杂乱地散在他的额头上,穿着一件灰色的衣袍,纽扣也没有系上。他看到我的父亲感到非常开心,他们两个紧紧地拥抱在一起。父亲向他介绍了我,贝多芬就像一个普通的老年人一样,非常和蔼仁慈。他让我坐在他的对面,和他说话。和贝多芬说话必须得用笔写,因为他听不到。但是,贝多芬又显得非常急切,当我和父亲在纸上写出要提问的问题的时候,他就用饥渴的眼光跟随着我们的笔移动着,好像想从刚写下的几个字中立刻看出我们心中想要提问的问题。"

2月的时候,韦格勒给贝多芬写了一封信,想让贝多芬回到波恩来。贝多芬在回信中表达了自己浓烈的思乡之情。他写道:

"我记得你总是对我很关爱,比如你会帮我把房间粉刷一新。这让我很高兴,因为粉刷后的房子和冯·勃朗宁夫人家一样漂亮。我现在也依然非常想念劳欣,你知道的,我对于小时候曾给我爱的人总是非常感激,且一直不会忘记的。"

他还写道：

"如果我让缪斯永远睡去，我想她应该就不会去惊醒更坚强的人。我仍希望能够创造出更多更好的音乐作品，但是，每个人都会老去，也都会有离开这个世界的一天。"

到了3月份，莫斯契勒斯和施东浦夫也从英国伦敦给贝多芬寄来了信。在回信中，贝多芬向他们诉说了自己的情况：费用不断增加，"我已经有一个半月没有进行音乐创作了。我现在手里只有一百多弗洛林了，这只够我支付半年的租金了"。他在信中还请求伦敦交响音乐会能够为他举办一次音乐会，为他增加一些收入。很快，伦敦交响音乐会就给贝多芬寄来了100英镑。贝多芬接到这笔钱的时候，高兴得像一个小孩子一样。他兴奋地说："我希望能够创作一首交响曲，或者其他什么曲子都可以，只要是他们想要的，我都可以满足他们。"而这也成了贝多芬人生中最后一个无法实现的愿望。

苏联发行的贝多芬盖销邮票

3月23日，赫梅尔又去看望了贝多芬。此时，贝多芬的病情已经很严重了。他躺在病床上，虚弱而忧郁，他的眼睛不停地闪烁着，嘴唇一直在动，但却说不出话来。华鲁海医生告诉贝多芬，他可能要接受人生中的最后一次洗礼了。贝多芬同意了。

3月24日早晨，贝多芬受洗仪式开始了。他郑重地写下自己的名字，并把《升C小调弦乐四重奏》（作品第131号）的所有权送给了司格脱，又对伦敦交响音乐会表达了他的感激之情。

接下来的两天，贝多芬已经完全失去了知觉，但仍有呼吸。他用力地呼吸着，粗重的声音在很远的地方都能够听

第十八章　音乐大师病逝

到。到了26日，他仍然活着，呼吸声音也依然很重。到了下午3点多钟，贝多芬的弟弟约翰及朋友都聚到了贝多芬的卧室里，一位艺术家正在为贝多芬画肖像画。勃朗宁和辛德勒出去为贝多芬寻找墓地去了。

到了下午5点多钟的时候，贝多芬突然张开了眼睛。他举起左手，做了几个动作，脸上的表情非常奇怪而恐怖，仿佛在说："恶魔，我向你挑战！你一定会成为我的手下败将，因为上帝是站在我这一边的……"然后，他举起的左手又猛地落了下来，他的眼睛半闭着。

3月29日下午3点钟，贝多芬的葬礼开始了。这一天，天气突然晴朗起来，群众们一大早就聚集到舒怀兹斯板纳寓所周围，将街道和广场都堵住了。据说，当天参加贝多芬葬礼的人有2万多人。为了维持交通秩序，军队都出动了，学校也都放假了。

装殓着贝多芬遗体的棺材就停放在寓所前的广场上，周围都是贝多芬的朋友和崇拜者。音乐家、诗人和剧作家们也都穿上了黑色的礼服，袖口插上了白玫瑰。

贝多芬的葬礼与36年前的莫扎特的葬礼比起来，要隆重多了。莫扎特的葬礼只有很少几个人参加，而且在送葬的过程中，天突然下起了大雨，送葬的人都跑回家避雨去了。只有莫扎特一个人被丢在荒凉的墓地里。而贝多芬的葬礼上，无

位于维也纳中央公墓内的贝多芬墓

121

交响乐之王贝多芬

数的人都来为他送行,为他的离世感到悲伤不已。

  伟大的音乐家贝多芬永远地离开了这个世界。他的一生经历了太多的苦难,几乎没有享受过真正的快乐。但是,他仍然坚强、勇敢地追逐着他的音乐梦想,为人类创造了很多或优美或雄壮的乐曲。虽然贝多芬的生命结束了,但是他的音乐精神永远不会消失,他的故事和传说将会激励着后人不断努力,创造出更多的生命奇迹。

成长加油站

  苦难既能摧毁一个人的意志,同时也能让人变得更加坚强,关键就看我们面对苦难所采取的态度。如果我们遇到苦难,就畏惧退缩,那么早晚有一天我们会退无可退,彻底被苦难击垮;如果我们在苦难中依然凭借坚强的毅力,不断奋斗,那么我们可能就会战胜苦难,取得最后的成功。而这也是贝多芬用其一生的经历告诉我们的道理。

延伸思考

1. 贝多芬是怎样度过他的晚年生活的?
2. 联系贝多芬的一生,想一想,他的葬礼为何那样隆重?